蔣經國大事日記

（1978）

Daily Records of Chiang Ching-kuo, 1978

民國日記 ｜ 總序

呂芳上
民國歷史文化學社社長

　　人是歷史的主體，人性是歷史的內涵。「人事有代謝，往來成古今」（孟浩然），瞭解活生生的「人」，才較能掌握歷史的真相；愈是貼近「人性」的思考，才愈能體會歷史的本質。近代歷史的特色之一是資料閎富而駁雜，由當事人主導、製作而形成的資料，以自傳、回憶錄、口述訪問、函札及日記最為重要，其中日記的完成最即時，描述較能顯現內在的幽微，最受史家重視。

　　日記本是個人記述每天所見聞、所感思、所作為有選擇的紀錄，雖不必能反映史事整體或各個部分的所有細節，但可以掌握史實發展的一定脈絡。尤其個人日記一方面透露個人單獨親歷之事，補足歷史原貌的闕漏；一方面個人隨時勢變化呈現出不同的心路歷程，對同一史事發為不同的看法和感受，往往會豐富了歷史內容。

　　中國從宋代以後，開始有更多的讀書人有寫日記的習慣，到近代更是蔚然成風，於是利用日記史料作歷

史研究成了近代史學的一大特色。本來不同的史料，各有不同的性質，日記記述形式不一，有的像流水帳，有的生動引人。日記的共同主要特質是自我（self）與私密（privacy），史家是史事的「局外人」，不只注意史實的追尋，更有興趣瞭解歷史如何被體驗和講述，這時對「局內人」所思、所行的掌握和體會，日記便成了十分關鍵的材料。傾聽歷史的聲音，重要的是能聽到「原音」，而非「變音」，日記應屬原音，故價值高。1970年代，在後現代理論影響下，檢驗史料的潛在偏見，成為時尚。論者以為即使親筆日記、函札，亦不必全屬真實。實者，日記記錄可能有偏差，一來自時代政治與社會的制約和氛圍，有清一代文網太密，使讀書人有口難言，或心中自我約束太過。顏李學派李塨死前日記每月後書寫「小心翼翼，俱以終始」八字，心所謂為危，這樣的日記記錄，難暢所欲言，可以想見。二來自人性的弱點，除了「記主」可能自我「美化拔高」之外，主觀、偏私、急功好利、現實等，有意無心的記述或失實、或迴避，例如「胡適日記」於關鍵時刻，不無避實就虛，語焉不詳之處；「閻錫山日記」滿口禮義道德，使用價值略幾近於零，難免令人失望。三來自旁人過度用心的整理、剪裁、甚至「消音」，如「陳誠日記」、「胡宗南日記」，均不免有斧鑿痕跡，不論立意多麼良善，都會是史學研究上難以彌補的損失。史料之於歷史研究，一如「盡信書不如無書」的話語，對證、勘比是個基本功。或謂使用材料多方查證，有如老吏斷獄、法官斷案，取證求其多，追根究柢求其細，庶幾還原

案貌，以證據下法理註腳，盡力讓歷史真相水落可石出。是故不同史料對同一史事，記述會有異同，同者互證，異者互勘，於是能逼近史實。而勘比、互證之中，以日記比證日記，或以他人日記，證人物所思所行，亦不失為一良法。

從日記的內容、特質看，研究日記的學者鄒振環，曾將日記概分為記事備忘、工作、學術考據、宗教人生、游歷探險、使行、志感抒情、文藝、戰難、科學、家庭婦女、學生、囚亡、外人在華日記等十四種。事實上，多半的日記是複合型的，柳詒徵說：「國史有日歷，私家有日記，一也。日歷詳一國之事，舉其大而略其細；日記則洪纖必包，無定格，而一身、一家、一地、一國之真史具焉，讀之視日歷有味，且有補於史學。」近代人物如胡適、吳宓、顧頡剛的大部頭日記，大約可被歸為「學人日記」，余英時翻讀《顧頡剛日記》後說，藉日記以窺測顧的內心世界，發現其事業心竟在求知慾上，1930 年代後，顧更接近的是流轉於學、政、商三界的「社會活動家」，在謹厚恂恂君子後邊，還擁有激盪以至浪漫的情感世界。於是活生生多面向的人，因此呈現出來，日記的作用可見。

晚清民國，相對於昔時，是日記留存、出版較多的時期，這可能與識字率提升、媒體、出版事業發達相關。過去日記的面世，撰著人多半是時代舞台上的要角，他們的言行、舉動，動見觀瞻，當然不容小覷。但，相對的芸芸眾生，識字或不識字的「小人物」們，在正史中往往是無名英雄，甚至於是「失蹤者」，他們

如何參與近代國家的構建，如何共同締造新社會，不應該被埋沒、被忽略。近代中國中西交會、內外戰事頻仍，傳統走向現代，社會矛盾叢生，如何豐富歷史內涵，需要傾聽社會各階層的「原聲」來補足，更寬闊的歷史視野，需要眾人的紀錄來拓展。開放檔案，公布公家、私人資料，這是近代史學界的迫切期待，也是「民國歷史文化學社」大力倡議出版日記叢書的緣由。

蔣經國大事日記　導言

呂芳上

民國歷史文化學社社長

中央研究院近代史研究所兼任研究員

一、

　　許多人多注意到年輕一代的新新人類，多半要掌握的是立即、當下，要捕捉的是能看得見、聽得到、抓得住的事事物物，視芸芸之人眾生平等，不把「大咖」人物看在眼裡，昨天的事早早忘卻，明天和過去的歷史，更屬虛無又飄渺。即使對一般人，說美國總統川普（Donald Trump），很多人或還記得，談歐巴馬（Barack Obama），即已印象模糊。老蔣、老毛何許人也？知其名未必悉其實，小蔣（經國）、老鄧（小平）印象就沒那麼深刻。在臺灣，坊間對蔣經國評價不一，民間有人把「蔣經國」以臺語諧音說成「酒精國」，雖屬戲謔之語，反見親切。這時代，有人這麼說：一轉身，光明黑暗都成故事；一回眸，歲月已成風景。不過，尋根是人類本性，我們走過「從前」，要說從歷史中尋求如何面對當今問題的智慧，可能太抽象，但問那個時代、那個人物，留下什麼樣足跡？有過何等影響？還是會引發人們找尋歷史源頭的興味的。

　　近代中國歷史堪稱曲折，世界走入中國，用的是兵艦、巨砲，中國走向世界，充滿詭譎與恫嚇。於是時代

的歷史靠著領導者帶著一群菁英，以無比信心、堅韌
生命力與靈妙的模仿力和創造力，共同形塑，造成了
「今日」。

在歷史往復徘徊中，往往出現能打開出路的引領
人。這些有頭、有臉的人物，他們數十年一夢的人生事
跡，對天地悠悠之久，雖也一幌即過，但確實活在歷
史。最怕的是當代、後世好事者，可能為這些人塗脂抹
粉、加料泡製、打磨夯實、描摹包裝、強力推銷，變成
「聖賢」或「惡魔」，弄得歷史人物不成「人」形。

生前飽受公議的政治人物，過世之後也得接受歷史
的公評，這是無庸置疑。但論孫文只說他為目的不擇手
段、評蔣介石說是獨裁無膽、硬把毛澤東功過三七開，
都犯了簡化歷史的毛病；論歷史的事情，既不是痛快
的一句話可以了結，月旦歷史人物，更不該盲目恭維或
肆意漫罵可以了事。歷史人物的品評，需要多樣資料佐
證，於是上窮碧落下黃泉所得的「東西」，不能不說當
下、即時的紀錄材料，最不能疏忽。這套《蔣經國大事
日記》，作為民國、臺灣歷史人物蔣經國及其時代研究
的基礎，當之無愧。

二、

蔣經國生於 1910 年，1988 年過世。美國史家史萊
辛格（Arthur Schlesinger Jr.）說，二十世紀是一個混亂
的世紀，充滿了憤怒、血腥、殘酷；也充滿了勇敢、希
望與夢想。蔣經國的一生起伏跌宕夾雜著這些特色。他
幼年讀書不算多，1925 年十六歲正當人格成型之際，

被送到冰天雪地的俄國。那段時間，正是史達林掌權清算鬥爭激烈時期，對他來說想必印象深刻，影響一生。西安事變後抗日開戰前（1937 年 3 月），帶著俄國妻子返國，先在家鄉溪口讀書，其後在江西保安處、贛南專區當行政督察專員，過著中層公務員的生活，並依父命師從徐道鄰、汪日章等人，接受經典洗禮，對傳統文化進行「補課」，也零星通曉西方民主、法治觀念，思想因此有進境，難免蕪雜。抗戰時期往來大後方，除了在贛南有一批從龍之士外，在重慶擔任三青團幹校教育長，有了幹校人脈，加上後來在臺組建青年反共救國團，這幾批人無形中成了他後來的政治班底。

蔣經國真正的政治事業是 1950 年代在臺灣開始的，1950 到 1960 年代蔣介石忙於黨的改造、政治革新，積極準備「反攻復國」，至於情治系統、國安、國軍政工事務多交經國負責，這一時期，國外媒體甚至形容他為「神秘人物」。到 1970 年代聯合國席位不保，中日、中美先後斷交，國家處境逆轉，大約此時統理國家的權力也集中到經國身上，威權政治開始有軟化跡象。不過直到1980 年代中期之後，已深切感受時代在變，環境在變，潮流也不能不變。1986 年 9 月，集大權於一身的經國總統容忍「民主進步黨」成立，等於開放黨禁；10 月中旬決定「解嚴」，次年 7 月 15 日正式實施；接著解除報禁、開放港澳觀光，10 月 15 日准許老兵返大陸探親，民主化邁步向前，對長期威權統治下的臺灣而言，不啻一場寧靜革命。當年擔任總統副手的李登輝，後來在《訪談錄》中，很平實的說了這麼一段

話：「大家講李登輝執政十二年民主改革等等，老實
講，如果這三年八個月中沒有他（蔣經國）在政策上的
變化，我後來的十二年是做不了什麼事的。」

同一時期，蔣經國大量起用臺灣省籍菁英，尤其
1972 年出任行政院長後，培養省籍人士不遺餘力，
1984 年在謝東閔副總統之後，提名年輕得多的李登輝
繼之，以當時蔣經國的身體條件和年齡，視為是接班人
選，十分明顯。在行政院長及總統任職期間，蔣經國不
斷走入民間、結交民間友人，1987 年又說出「我也是
臺灣人」的話語，姑不論是否為政治語言，政權本土化
的意味很濃，行動上則多少帶點「蘇俄經驗」味道。

1970 年代，國際逆流橫生之外，國內政治異議聲
浪頻起，反對勢力運動勃發，規模不斷擴大，手段益趨
激烈，當時臺灣幾乎有人心惶惶之感。這期間，1973
年及 1979 年碰到兩次石油危機、國際金融風暴。幸賴
十大建設、六年經建計畫等的財經擘劃，安然渡過危
局，「臺灣奇蹟」的締造，蔣經國與有功焉。長時間陪
侍兩蔣身邊的御醫熊丸說，小蔣極為儉樸，樂與民眾接
近，但城府深、表裡不一，恩威難測，並非好相處的朋
友；已過世、有點不合時宜，與經國交過手的財經專家
王作榮，佩服蔣與巨商大賈保持距離，但也直說，蔣經
國是俄國史達林文化與中國包青天文化的混合產物。顯
示這位國家領導人多面向的行事與風格，仍大可有進一
步研究的空間。

三、

　　1972 年 6 月，62 歲的蔣經國出任行政院長，實質掌理國政。其後 1978 年膺選為中華民國第六任總統，1984 年連任為第七任總統，不幸任期未滿的 1988 年 1 月 13 日辭世，那年他 78 歲。他一生最後的十六年，可說盡瘁國政，奉獻全部心力於臺灣這塊土地。這位關鍵人物在關鍵時期的政府治理成績斐然，此段時間正是臺灣政治、社會的重要轉型期。這十六年的政府政績即使不稱為「經國之治」，說它是臺灣的「蔣經國時代」，絕不為過。

　　這套《蔣經國大事日記》，涵蓋「蔣經國時代」的十六年，起於 1972 年 5 月 20 日出任行政院長，迄於 1988 年 1 月 30 月奉安大溪止，每日行程幾乎均有如實紀錄。嚴格說這是蔣經國行政院長和兩任總統的行政大事記，原係庋藏於國史館蔣經國忠勤檔案中的一種。原作毛筆、鋼筆文件應出諸經國總統秘書之手，察其所錄，很有總統日常行政實錄意涵。每日記載內容主要為蔣經國擔任院長、總統期間之行止、接見賓客、上山下海巡訪各地，重要會議要點（包括行政院院會、國民黨中常會、中央全會、總統府財經會談、軍事會談）、重要文告、年節談話內容等，大自內政上十項建設的推動，持續三十八年之久的戒嚴宣告解除，反共反獨的宣示，對中共三不（不接觸、不談判、不妥協）政策誓言；國際關係上中日、中美斷交，克來恩（Ray S. Cline）與韓、越「情報外交」，李光耀頻頻秘密來臺的臺新（新加坡）交誼，小至中學生給蔣經國「院長精

神不死」的謝卡小故事，有嚴肅的一面，也見人性幽默
的一環。《蔣經國大事日記》如能與蔣經國個人日記搭
配，「公」「私」資料，參照互比，將更能清楚見其行
事軌跡與作為。故而日記固可補《蔣經國大事日記》之
不足（蔣經國日記起於 1937 年 5 月，記至 1979 年 12
月 30 日因視力惡化中止），《蔣經國大事日記》亦正
足彌補日記之空闕。故此一資料，當屬研究「蔣經國時
代」不可或缺的寶貴史料。

四、

　　這套書記錄 1972 至 1988 年中華民國的國家領導
人行政大事，雖簡要，但不失為「蔣學」研究的重要工
具書。

　　本來歷史學的研究與編纂，就有「年代學」
（Chronology），是以確定歷史事件發生時間的科學，
從古代中國《春秋》、《竹書紀年》，到近人郭廷以的
《近代史國史事日誌》、《中華民國史事日誌》等，都
屬之。這套書一如晉杜預的〈春秋左氏傳序〉所言：
「記事者，以事繫日，以日繫月，以月繫時，以時繫
年，所以紀遠近，別同異也。故史之所記，必表年以首
事。」本書所記，甚至細至以時繫分，明確事件發生時
間，提供歷史發展線索，大可作為歷史研究的基礎。對
當代民國史、臺灣史研究而言，資料之珍貴，實無過
於此。

編輯凡例

一、 本書依照「蔣經國大事日記略稿」編輯，依日期
　　 排列。

二、 為便利閱讀，部分罕用字、簡字、通同字，在不
　　 影響文意下，改以現行字標示，恕不一一標注。

三、 附件及補充資料以標楷體呈現，部分新聞報導之
　　 附件不收錄。

目錄

中華民國67年（1978年）大事日記

中華民國 67 年（1978 年）

1月1日　星期日
上午

九時，至三軍軍官俱樂部參加本黨中央委員會團拜。

十時，至國父紀念館參加中樞慶祝六十七年開國紀念典禮及團拜。

十一時三十分，飛抵澎湖，巡視馬公地區駐軍部隊及海軍基地。

下午

巡視澎湖縣政府、澎湖監獄、成功水庫、湖西油庫，並至國軍公墓致祭忠烈陣亡將士。

三時四十分，飛返臺北。

1月2日至3日　星期一至二
【無記載】

1月4日　星期三
上午

八時三十分，主持行政院新年團拜，對軍公教人員過去一年之辛勞，深致慰勉；並期望大家努力服務，迎接新的一年。

九時，主持中常會，並於通過中央及省市黨部部分主管職務調整案後，發表談話：

希望各級組織切實體認本黨是一個開放的政黨的特性，

彼此溝通觀念意見，發揮政黨功能，解決民眾困難。黨
務幹部同志要能貫徹公忠為國、一心為黨的精神，奉獻
自己，使民眾支持本黨、愛護本黨、參與本黨，共同造
成執政黨革命民主的光輝。

1月5日　星期四

上午

九時，主持行政院院會，提示：

對外貿易，不但要講究貨真價實，更需要準時交貨，保
持信用。我輸往中東貨物一再發生船運糾紛，嚴重損害
我國對外商譽，不容忽視，希交通、經濟兩部迅予糾
正。無論航商或貿易商，倘有詐欺情事，並應由司法機
關依法徹查嚴辦。

院會後，啟程赴金門訪問，並向戰地軍民賀年。

1月6日　星期五

上午

在金門戰地，深入碉堡、營房、水庫、民宅、社區、街
市巡視訪問。

中午

與防區各一級單位主管共進午餐，並囑代為慰問官兵
袍澤。

1月7日　星期六

上午

九時，中常會舉行臨時會議，同意中央常務委員嚴總統家淦同志建議，一致決議向第十一屆中央委員第二次全體會議提案，請提名主席蔣經國同志為中華民國第六任總統中國國民黨候選人。

在金門勉勵戰地師級以上幹部，要更進一步發揚革命精神，堅強戰鬥意志，服務民眾，建設金門，貫徹領袖遺訓，爭取反共復國大業的勝利成功。

下午

自金門飛返臺北。

1月8日　星期日

【無記載】

1月9日　星期一

上午

八時，接見國防部部長高魁元、參謀總長宋長志，嘉勉國軍的貢獻與成就；並接受三軍官兵對主席赤誠擁戴之致敬書。

八時三十分，聽取內政部暨蒙藏委員會工作簡報，提示：

一、內政部對各項政策之執行，必須貫徹到基層，並應注意：培養廉潔政風，注意工作方法和有親切誠懇的工作態度。

二、蒙藏委員會應繼續加強聯絡海外蒙藏同胞，積極培
　　育蒙藏青年幹部，注意研究蒙藏地區匪情動態，並
　　不斷研究革新工作方法，因應未來需要。

十時三十分，聽取外交部工作簡報，提示：

外交工作重點在：堅守反共基本國策，加強聯繫自由
國家。

下午

五時起，先後接見美國參議員史東夫婦、柯蒂斯夫婦、
漢森夫婦等十四人。

六時，接見美國西部新聞界人士訪華團十人，彼等曾就
本黨中常會推舉院長為第六任總統候選人，向院長致
賀。院長指出：個人服務公職四十年，無論在任何工作
崗位，均以國家、責任、榮譽為本信念；至於國家基本
國策，將永不改變。

1月10日　星期二

上午

八時三十分，聽取國防部工作簡報，對國軍士氣、訓
練、裝備均有進步，表示欣慰；並勉勵繼續發揚三軍一
體的基本精神，使組織、訓練及武裝戰力，都能發揮高
度的功能。

十時三十分，聽取財政部工作簡報，提示今後要繼續改
進稅務行政，加強金融機構管理，改善塩民生活。

1月11日　星期三

上午

八時三十分，接見日本眾議員倉石忠雄。

九時，主持中常會。

常會後，接見孫運璿、潘振球。

十一時三十分，接見美國眾議院軍事委員會訪問團史卓敦議員、丹尼爾議員等一行，就亞洲形勢及軍事等問題，充分交換意見。

1月12日　星期四

上午

九時，主持行政院院會，提示：

一、關於中東航線船運糾紛事件之整頓及改進辦法，希貫徹執行，以防止類此不幸事件之再度發生。

二、輔導農民改種玉米、黃豆事，希臺灣省政府多加宣導，說明政府必按保證價格收購產品，同時在生產技術方面，亦將作必要之指導和協助。

三、中央及地方各級首長及有關公務人員因公申請出國，無論是業務需要或是考察、或是應邀參加會議或訪問，均應求其實效，不可藉公務出國為名，而作觀光遊覽之實，方不愧為一個有責任感、有愛國心之公務人員。

院會後，接見張茲闓等。

下午

三時，主持中央黨部工作會議。

1月13日　星期五

上午

八時，接見日本參議員岩動道行等八人。

八時三十分，聽取教育部暨青年輔導會工作簡報，提示：

一、期望全國教育工作人員，切實把握三個工作方向——發揚固有的優良傳統、吸收科技新知、培育青年的國家、責任、榮譽觀念。

二、期望青年輔導會今後要加強創業和就業輔導，使青年都能在適當的崗位上，對國家社會有所貢獻。

十時十五分，接見美商大力鐘錶公司總裁衛特健等六人。

十時三十分，聽取司法行政部工作簡報，勉勵司法人員切實做到公正廉明，辦案必須正確，以期毋枉毋縱。並就目前民事、刑事、獄政、更生保護及司法官訓練等，分別有所提示。

1月14日　星期六

【無記載】

1月15日　星期日

上午

十時，巡視積極施工中之桃園國際機場，慰勉工程人員，並聽取民航局局長毛瀛初之簡報，提示：

民航局對將來桃園國際機場之管理，應採取企業化與制度化方式，以便發揮新機場之功能。

1 月 16 日　星期一
【無記載】

1 月 17 日　星期二
上午

八時三十分，聽取交通部工作簡報，對交通人員過去一年來為建設國家，服務民眾所作之貢獻，表示欣慰；並期勉交通機構，應以便民利民為首要工作目標，繼續不斷力求進步，造福社會。

十時三十分，聽取國軍退除役官兵輔導會工作簡報，對輔導會一年來之業務績效，深致嘉許，特別稱道退除役官兵忠勤報國之赤忱；並提示今後繼續發揮安置功能，擴大榮民就業機會與加強對榮民之照顧。

1 月 18 日　星期三
上午

九時，主持中常會。

十時，約見中央常務委員谷正綱。

1 月 19 日　星期四
上午

九時，主持行政院院會，通過內政部所擬「卸任總統禮遇條例草案」，日內送請立法院審議。

十時三十分，接見警備副總司令于振宇等。

1月20日　星期五
上午

八時三十分，聽取僑務委員會工作簡報，提示：

今後僑務工作的重點，在繼續推展中華文化，鼓勵華僑回國投資，歡迎僑生回國升學，積極為僑胞謀福利。

十時十五分，聽取衛生署簡報，提示：

追求全國國民之健康、愉快、長壽，是政府施政之主要目標，衛生署對醫藥衛生界若干不良現象，應予糾正；並應加強醫療巡迴服務，設置健康管理卡，以照顧低收入者。

1月21日　星期六
上午

九時，主持國防會談，對三軍官兵一年來之辛勞，表示慰勉。

中午

巡視臺南空軍基地，並與基地官兵會餐，勉勵在新年度中淬厲奮發，厚植戰力。

下午

二時四十分，巡視臺南安平新港之施工情形。

二時五十分，巡視臺南運河漁市場，向漁民握手問好。

四時三十分，抵臺南市政府聽取市長蘇南成之市政報告，並垂詢有關夜間辦公情形。

五時，巡視高雄市政府，指示市長王玉雲應大量興建國

民住宅，並加強交通系統之改進，以利民行。

1月22日　星期日

上午

八時四十五分，抵達林園區工業管理中心，聽取工業區開發情形簡報；並繼往中油高雄煉油廠第三輕油裂解廠參觀。

十時，至高雄監獄慰問受刑人，並以六百元購買一幅受刑人所繪駿馬油畫。隨後巡視高雄縣政府，囑縣長黃友仁辦好縣政。

下午

巡視南部國軍各基地，勉勵三軍官兵，要作自由鬥士，奮起精進，自強不息。

1月23日　星期一

上午

十一時，接見美國東海岸新聞界訪華團，就各方問題，彼此交換意見，並詢及他們抵華後的感想和意見。

1月24日　星期二

上午

八時三十分，聽取經濟部工作簡報，提示：

民生主義的經濟政策，在求國富民強，而經濟發展要特別注意國家整體發展，希望以過往的累積經驗，發揮團隊精神，共謀民生主義經濟建設的更大發展，擴大經建

成果。

十時十五分，聽取國家科學委員會暨原子能委員會工作簡報，對兩會過去一年來科學研究之成就及對國家建設之貢獻，表示嘉許。並提示要特別注意人才培育，強化研究人員陣容，以促進國家建設與人民福利。

下午

七時，應美國駐華大使安克志之邀，至其官舍晚餐。

1 月 25 日　星期三
上午

九時，主持中常會。

十一時，接見參加世界自由日大會各國代表二十人。

1 月 26 日　星期四
上午

九時，主持行政院院會，提示：

一、有關單位要充裕年貨市場，妥善疏運旅客，使民眾愉快過春節。

二、司法行政部及國防部，要循例代表本院贈送受刑人過年禮物，以表關懷。

十時十五分，接見香港時報社社長曾恩波。

下午

四時，聽取人事行政局工作簡報，提示今後八個工作方向，期望切實推動革新人事計畫、建立合理文官制度、

提高基層人員素質、加強公務人員訓練、貫徹十項革新
要求等事項。

五時十五分，聽取新聞局工作簡報，提示：

一、期望新聞傳播工作人員，要擔負起政府與民眾間的
　　橋樑任務。

二、在心理建設方面，要發揮領導功能，提倡勤勞儉
　　樸，譴責奢侈浪費。

三、對共匪的滲透分化，應隨時提高警覺，消極方面，
　　嚴防文化毒素的散布；積極方面，團結全民心志，
　　鞏固國家基礎。

六時，接見菲律賓前外交部部長羅慕斯。

1 月 27 日至 29 日　星期五至日

【無記載】

1 月 30 日　星期一

上午

八時四十分，主持新任駐教廷大使周書楷宣誓。

九時，主持全國科學技術會議揭幕典禮，勉勵全國科技
人員群策群力，發揮團隊精神，加強科技研究，以大家
的智慧經驗，使我們的工業脫胎換骨，促使農業現代
化，提高醫藥服務的質與量，並對人才作有效利用。

十時，接見張建邦等。

全國科學技術會議致詞

　　這次政府召開全國科學技術會議，最重要的目標，

是要有效的將科學技術因素納入國家政策的規劃程序，實踐在臺灣地區建設一個不斷進步的社會經濟體系，從而可以貫徹我們反共復國、重建中華的歷史使命。

我們今天強調科學技術的重要性，不僅是因為現代科技突飛猛晉，也不僅是因為國內的科技發展工作有了相當的成果，而是意識到許多客觀因素的形成，促使我們必須進一步加強科技在決策程序中所佔的比重。

第一、全國上下都已確認，我們的經濟結構正在迅速轉變之中，工業的脫胎換骨，更是當務之急。我們不但已投資於資本密集的重化工業，更要加速、加強技術密集工業在國內向下紮根，向上成長。因此，技術的引進、應用、發展和創新，是最高優先的課題，而整套科學技術研究發展體系的建立和充實，更是我們不可或忘的重點任務。以技術密集的工業與資本密集的工業相比較，我們體會到技術密集工業更具有長程的價值和意義。這是因為技術密集工業使用的土地較少，對人力素質的需求比較高，它的產品更有加值能力。而且高技術、高水準和高素質的工業，對外能確保我們在國際市場上的競爭能力，對內能促成國民生活水準的大幅提高，同時還是國防工業的基礎。當前的課題是要如何規劃，如何策動，如何實踐，才能有效的達成任務。這是我們今天要集思廣益，動員各位的智慧和經驗的第一個理由。

第二、我國近三十年來的經濟建設工作，最重要的特徵，是農業與工業齊頭並進的發展。也可以說，必須維護農業生產的持續成長，並促進農業的現代化，才能

使我們整個經建工作，立於不敗之地。我們有鑒於世界人口高速的增加，以及糧食供應的相對緊張情勢，深信我們平衡發展的基本策略，在未來的一、二十年內，更需要貫徹實行。一方面我們要把握主食的自給自足，才可以因應任何變局。另一方面我們要在其他農、林、漁、牧各業力求經濟效益的增高，才能夠提高農業的素質。在未來的歲月中，工業對人力的需求將繼續增加，因此我們不但要講求單位農地的生產力，更要注意每一個農民的生產力，才能避免農業人口與都市人口收入的失調，才能達到工農業社區均衡發展的任務。在這個任務之下，科學技術所必須肩負的使命是非常明顯的。

第三、我們對生活素質與自然環境的關切與日俱增。國民的衛生保健二十年來已經有了大幅度的改善，今後更應該注意醫藥服務質與量雙方面的提高。在工業化的過程中，我們又面臨了公共衛生方面的新課題，諸如工業員工的職業病問題，食品藥物的管制問題，人口合理成長政策下的優生保健問題，平均壽命延伸以後的心臟血管疾病和癌症問題。這些問題在在都需要新的努力。同時，我們對環境素質的保護和改良，更不可掉以輕心。無論是水污染、空氣污染、噪音污染或土壤污染，都要加意防治。另一方面，我們的自然資源與能源都不富足，必須在開源節流兩方面同時進行有效的規劃，才能因應未來的需求。在生活環境素質的課題之下，我們特別要了解各種措施對生產成本及人民生活交互影響的關係，特別要重視以合理、客觀的換算比較，做為決策時取捨折衷的依據。

　　第四、我們了解高度發展的人力是我們建國的最大資產。因此，一切科技的建設，莫不以厚植科技人力為最重要的環節。人才需要培育，更需要有效的利用。這也就是說，國家所有的科技單位，應該有最有效的分工協調體系，和組織管理的功能。我們是篤信三民主義，堅持自由民主的國家，在發展人力與組織的過程中，必須注重發展我們特有的風格。一方面，我們要能群策群力，發揮最高的團隊精神；另一方面，我們要加意培植每個科技人員自發自動的意願。我們的手段不是強制，而是誘導；不是驅策，而是激勵。這種重視個人尊嚴的基本態度，也可以說是我們中華民國與共匪暴政最鮮明的對比。因此，我們所謂的計畫，與共產集團所說的計畫，是截然不同的構想。無論在人力發展或組織管理方面，我們的計畫都要富有理性和彈性，一方面能表現最大多數的最大福利，一方面仍能合理保障少數的基本權益。一切計畫都要以合情合理為規矩，以切合實際為標準，才能使人心悅誠服，施行無礙。

　　上面所說的四點，也就是這次會議的四個中心議題。回顧過去，我們對全國上下在科技發展工作方面的努力，感到相當的欣慰。但瞻望將來，我們了解還有許多的工作要急起直追，決不可存有自滿或僥倖的心理。無論在計畫的功能、效率的加強、和制度的建立方面，我們都必須做徹底的更新，才能趕上時代的要求；我們必須以臨深履薄的心情，兢業從事，才能達到莊敬自強的標準。我們今天正面對許多劃時代的挑戰：一方面我們要不斷鞏固反共復國基地的安全，建立操之在我的國

防技術能力，另一面要同時加速經濟建設，達成均富的理想。一面要在國際市場上增強我們競爭的能力，另一面又須要消除污染公害，維護我們的生活環境。一面要鼓勵儲蓄，加強投資意願，一面仍要重視國內市場的拓展，透過適當的消費活動來提高生活素質。面臨許多針鋒相對的需求，我們惟有善用科學的方法，才能適當的訂立政策，合理的規劃優先順序。這些都是十分複雜的社會經濟問題，只有妥善運用科學的方法，才能得到公平、有效的答案。這也就是我們要將科技因素，進一步納入國家決策程序的基本考慮。

我們國家，今天面臨許多迫切的新課題，這次會議注重應用科技的政策，正是為了要解決這些問題。雖然，我們與其他先進國家一樣，早已將基本科學和人文社會科學的發展列為長程的、持續的政策，並且早已付諸實施。但是我們了解，科學是技術的基礎，技術是科學的實踐這種相互為用的關係，而且應用科技需要不時檢討和訂正，才可以在我們的社會內蓬勃成長，這也是我們這次會議的目的。

總統蔣公曾經昭示我們，三民主義的社會是建立在以倫理、民主、科學為理想的基礎上的。我們今天以孤臣孽子的心情，從事復興中華的大業，必須要視科技為一項主要的原動力，用科技來帶動各項建設。政府有決心排除萬難，加強對科技的投資，為科技發展爭取最大的支援。因此，問題是如何選擇工作的重點，如何發揮計畫的功能，如何建立有效的制度。換句話說，我們的課題是怎樣做才能有效，因此，我們不能容忍因循苟且

的作風，不能容忍各立門戶的做法，尤其不能容忍缺乏
整體精神的觀點，和缺乏進取心的態度。

　　政府對這一次會議的期望，十分殷切。我尤其希望
各位在這次會議中，都能竭盡智慮，使這個會議成為我
們科技發展過程中的一個里程碑，和一個新的起點。我
希望這次會議，對如何使科技在我國生根成長，如何能
成為帶動建設的原動力，提出具體可行的建議，作為今
後施政的重要參考和依據。我願意強調，我們的任務是
要在自由和民主的社會中，推動科技建設，更要利用科
技建設的成果，來鞏固我們三民主義的社會，和增強自
由世界的力量。最後，敬祝各位能圓滿的達成任務。

1月31日　星期二

下午

四時，參加新聞局舉辦之新聞同業園遊會，表示新聞界
是政府與民眾的橋樑，能夠反映民意，對政府應該改善
的措施提出建議，使我們國家更加團結；並講了三個真
實的小故事，念念不忘民眾的疾苦。

五時三十分，至三軍軍官俱樂部參加情治人員茶會。

2月1日　星期三
上午
九時，主持中常會。

中午
十二時，約黃秘書長少谷、葉政務委員公超共進午餐。

下午
四時，參加中央日報創刊五十週年酒會，並向其員工道賀。
四時三十分，接見美國蘭德公司國際安全政策研究計劃主任所羅文。
五時，接見薩爾瓦多外交部部長馬丁磊斯夫婦。
六時四十分，參加薩爾瓦多駐華大使館歡迎薩國外交部部長馬丁磊斯夫婦酒會。

2月2日　星期四
上午
八時三十分，接見韓國中央情報部部長金載圭。
九時，主持行政院院會，特別提示教育部，對於中文橫寫的順序問題，應深入研究，以制定一個適當的規定，使其能夠統一，而免令人混淆不清。
十時三十分，接見沙烏地阿拉伯新任駐華大使達巴格。

下午
三時，主持全國科學技術會議閉幕典禮，強調國家科技

發展，人才的培育與吸收，最為重要，今後政府將增加
科技投資，同時希望各研究部門，打開門戶之見，對這
次會議的各項建議，要立刻整理，付諸實施。並希望在
今年馬年中，大家發揮馬到成功的精神，為建設國家而
努力。

2月3日　星期五

下午

三時，主持中央黨部工作會議，於聽取國民大會郭秘書
長澄等報告第一屆國民大會第六次會議的進行報告後講
話：

一、此次會議的成功失敗，可以決定黨國的前途，希望
　　全體國民大會代表同志，精誠團結，犧牲小我，完
　　成大我。

二、要嚴防敵人的分化離間陰謀，不要意氣用事，不要
　　以個人為中心，要信任中央，使國民大會第六次會
　　議開得圓滿。

2月4日　星期六

【無記載】

2月5日　星期日

美國大眾廣播公司，今日播出院長接受美國記者布克萊
一小時之錄影訪問。在此次訪問中，院長重申中華民國
之反共國策，不受美國可能採取任何行動的影響，中華
民國決不與任何共黨勢力接觸；美若背棄我國，將為美

國帶來不幸。

2 月 6 日　星期一
上午

十時十五分，由臺北市市長林洋港陪同，先後參觀訪問杭州南路青年商店、臺北火車站、板橋臺北市第一榮譽國民之家及環河南路綜合市場。

下午

赴慈湖謁陵，並與家人在慈湖聚敘。

發表除夕談話，呼籲民眾與政府通力合作，建立更安定、更豐足、更團結、更有朝氣的社會，達成我們反共復國的任務。

除夕談話
親愛的父老兄弟姊妹們：

一年容易，今天又是農曆除夕了。現在在電視上和大家見面，向各位父老兄弟姊妹問好，拜個早年！

過春節是一件喜事，現在我們大家都在家裡快快樂樂的團圓，拜祖先、吃年飯，但這些都是我們一年辛苦的結果。在過去這一年，遭遇到旱災、水災，還有兩次大颱風，這些自然災害，使我們受到很多很大的損失，可是由於我們大家的努力，克難奮鬥，不怕艱苦，逐漸又恢復了過來，可見事在人為，事事靠自己，沒有不成功的。

　　我每次到各地方去訪問參觀，在田野、在工廠、在
商店、在學校、在營房、在機關、在街上……到處看到
同胞們辛勤工作，尤其是看到軍民合作、精誠團結的氣
象，看到家家豐足、處處熱鬧的情形，內心真有說不出
的喜悅。當然，我們政府行政同仁感到還有很多的工作
要做，還有很多同胞的生活要改進，要一步一步的做，
一點一滴的做，由於民眾都信任政府，支持政府，因此
政府有信心、有決心把這些事做好！

　　照我們中國的習俗，大家在新年都會有一個新願
望，那麼我們大家共同的願望是什麼呢？我想那就是建
立比現在更安定的社會、更豐足的社會、更團結更有朝
氣的社會。社會更安定，一切才能更進步；社會更豐
足，國力才能更堅實；社會更團結、更有朝氣，我們的
基礎更鞏固、意志更堅強。現在我們豐衣足食，但是看
看大陸共匪，它內部動亂打鬥，危機重重，因此更加迫
害八億同胞，使他們生活的艱苦到了不能忍受的程度，
不僅如此，它還在不斷的對外恐嚇，特別是對我們復興
基地分化破壞，我們要提高警覺，打破共匪分化破壞的
陰謀，光復大陸，解救同胞，使他們能和我們過著一樣
自由安定豐足的日子，所以我們安居築業，卻要居安思
危；豐衣足食，更要奮發圖強。

　　這就是說，要建立更安定的社會、更豐足的社會、
更團結更有朝氣的社會，達成我們反共復國的任務，還
要靠我們共同的努力，靠民眾和政府的通力合作，靠海
內海外一條心的大結合。

　　父老兄弟姊妹們！在過去的一年裡面，我們的國民

所得，比前一年增加了很多，新的一年預定的實質經濟
成長率目標是百分之八點八，我們希望能夠達到這個目
標。但是我們的理想，不止是物質方面的繼續成長，使
國民的物質生活能夠增進，而且希望提昇到精神的心靈
的均衡，使國民有更加安定和諧的精神生活，人人樂
觀奮鬥，人人充滿希望，那就是我們新的努力，新的
開始！

　　現在我要祝福各位家家團圓，新年快樂，同時在春
節期間有許多軍憲警以及交通、水電各個崗位上的同
仁，為我們辛苦服務，我們要向他們道謝祝福！

2 月 7 日　星期二　春節
晨
至慈湖陵寢拜年。

上午
十時三十分，至桃園臺北監獄，慰問受刑人，詢問女受
刑人之獄中生活，並分贈糖果與隨母在獄之嬰兒。

2 月 8 日　星期三
【無記載】

2 月 9 日　星期四
上午
九時，主持行政院院會。
十時三十分，接見菲律賓華商總會理事長鄭龍溪。

2月10日至13日　星期五至一
【無記載】

2月14日　星期二
上午
九時三十分，在陽明山中山樓主持中國國民黨第十一屆中央委員會第二次全體會議及中央評議委員第二次會議開幕，勉勵全黨同志，激揚戰力，團結奮鬥，求安定、求鞏固，進而求進步、求勝利。

下午
二時三十分，參加二中全會第二次大會。

中國國民黨第十一屆中央委員會第二次全體會議及中央評議委員第二次會議開幕致詞
各位先進、各位同志：

本黨第十一屆中央委員會第二次全體會議、中央評議委員第二次會議，在新春中開幕。

這一次全會，是在我們國家實施民主憲政，已屆三十年之時舉行，這三十個年頭，是我們為保障民主功能、擴大憲政基礎、和共匪敵人搏鬥、最凶險最激烈的階段，是我們為維護人性尊嚴，人權自由、民族生存付出血與肉的代價、犧牲最大最多的階段，但是由於三十年來的努力，我們的民主憲政，不僅日益向前邁進，而正一天比一天充實光輝。

這一次全會，也是在總裁逝世將屆三週年的時候舉

行，這三個年頭，是本黨同志自總理逝世以後，對革命形勢體認最深切的階段，也是對革命奮鬥最艱難的階段，但是由於三年來我們在風雨中溯逆流而上，不僅激勵了大家對革命信念的操持，愈益堅確，亦對革命目標的奮進，愈益純誠。

第十一次全國代表大會是在總裁逝世後一年又七個月的時刻召開的，大會檢討了我們對總理遺教總裁遺訓的實踐，同時提出了反共復國新的行動綱領，策定了強化黨的建設方向，大會並且鄭重宣告：

——今後國際局勢波譎雲詭，變化尚多，我們應以更積極的努力，來發揮中流砥柱的作用；

——中國大陸問題的真正解決，唯有使大陸脫離共黨勢力的控制，重建三民主義的統一中國，其他任何想法，都是短視的和不切實際的；

——我們要準備流自己的汗，流自己的血，以破釜沉舟的決心，完成復國的大業；

——在這個關鍵時刻，深望所有愛國的中國人，一致聯合起來，剷除匪共餘孽。

從第十一次全國代表大會閉幕到今天，我們的目標、意志和作為，就是集中於大會宣示的革命任務的承接，也就是更集中於總理遺教總裁遺囑的奉行。

我們人人瞭解，「國家的憂患與國民的痛苦之所在，即為我們國民革命要求的起點」，所以一部中國國民黨黨史，就是一部解除國家憂患和國民痛苦的奮鬥史，國家的憂患一日未除，國民的痛苦一日未去，則國民革命的任務一日未成，本黨全黨同志的責任一日

未盡。

總理為國民革命所確立的基本方針，即是將民族革命、政治革命與社會革命畢其功於一役，而我們在國民革命驚濤駭浪的歷程中，所同時進行的民族復興、民主憲政和民生建設的大業，就正是民族革命、政治革命與社會革命的一貫延續和加速完成。而我們的堅定立場和實際作為，證驗了道德、民主和法治，是我們雖在驚濤駭浪之中依然砥柱中流、愈挫愈奮的基因，特別是證驗了三民主義民族精神的激揚、民主意識的擴張、民生福祉的提昇，是我們反共復國不勝不止、不成不止的信念和戰力之所由來。

我們同樣瞭解，國民革命在於解除國民的痛苦，謀求國民的幸福，其責任，我們中國國民黨全體黨員無可旁貸。總理說：「我們對於國民，要表示我們的一種道德、一種革命的精神，使國民大家知道，真革命黨是為國犧牲的，是來成仁取義的，是捨性命來救國的，是要把奮鬥精神來感動國民，令國民知道是非，知道真假，知道這個真革命黨是真心為國家，令一般國民跟我們來革命，中國才有救。」到今天我們在錄音中，還可以聽到總理這一段訓示，髣髴如見總理，而為之神往不已。

實在這就是說，我們必有如此革命精神，才能感動國民，使國民表同情於本黨，支持本黨，信任本黨，於是「國民革命成為全國國民共同的事業，以全民力量參加革命」。

自從北伐統一、對日抗戰、剿匪戡亂以來，全國國民的心理、精神和行動，已經和國民革命緊緊結合起

來，所以有了北伐的精神，乃有北伐統一的完成；有了抗戰的精神，乃有對日抗戰的勝利；有了反共的精神，乃有剿匪戡亂繼之以復國大業的推廓開展。今天我們正處於世變時艱，特別是共匪內部再衰三竭而對外逞其凶險，而國際姑息主義也在推波助瀾的時刻，因之我們的精神意志，要比之過去更為堅定，更為激揚；而我們的行動作為，也要比之過去更為貫注，更為堅實。也就是說，我們的精神戰力要更為精純勁練，更為充實光輝。

總裁在第十屆四中全會中說：「革命戰力乃精神重於物質，而當前反共戰鬥，更是勝負決於思想。因為革命黨的首要之圖，就是給予全民以統一的精神信仰，激發其自願效力之熱忱，與對國家前途之責任感，所以黨的基本考驗，乃端視其能否完成此一心理建設（精神工程）的使命以為斷。」這更是提示我們，要使「國民革命成為全國國民共同的事業，以全民力量參加革命」，必須先之以「精神工程」的再建設——革命精神的再奮勵，革命行動的再掀起，那就必須先求之於己——求之於本黨組織，求之於全體黨員同志。

大家都明白，在今天「世變時艱至於斯極」的時刻，也正是本黨再度面臨基本的考驗的時刻，因之我們不能不回想十屆三中全會以來，本黨進一步強調黨的建設的具體要求，那就是

組織和工作的徹底革新——貫徹戰時的要求、革新的要求、服務的要求；基層黨務的全面改革；戰鬥體的不斷強化；責任制度的積極制定。

其目的就是要使本黨切切實實成為現代化的民主政

黨、戰鬥體的革命政黨。第十一次全國代表大會根據坦誠檢討，所策定的黨的建設方案，就是這一行動要求的具體計劃作為，亦就是我們革命精神要進一步來提振，黨的組織要進一步來強化，黨和群眾關係要進一步來結合，確實顯示本黨是一個全民的政黨，一個開放的政黨，一個有所為有所不為的政黨。

記得總裁在逝世之前，還曾剴切的惕勵我們：「今日自由世界都注意我們政府的動向，全國人心尤其都在仰望革命領導中心的本黨，對一切險阻艱難的突破，所以今天只要本黨從大創痛中啟發其覺悟，一百萬的黨員同志從大覺悟中體現其大擔當、大節概，就能以主觀潛在的優勢，扭轉一切外在的虛矯的劣勢。」實在今天就是我們全黨同志從大覺悟中體現大擔當、大節概，進一步來發揮我們誠摯純潔的革命精神，操持我們不惑不懼的道德勇氣，突破艱難，形成優勢的時刻。

依據主義和政綱政策的精神，當前本黨的政治功能，乃是要更進一步的植基於：

民本政治——所以要強調人性的發揚、人權的維護、全民利益的調和及政治參與的普遍；

德性政治——所以要強調道德的規範、理性的擴充、人格的尊嚴、機會的均等和政治行為的公開、公正、公平；

責任政治——所以要強調制度的強化、政綱政策的實踐、法律的信守和秩序的安定。

因之，本黨對於國家、對於民眾的態度，就是進一步擴充第十一次全國代表大會中所強調的無我無私、廓

然大公的態度，國家利益至上，民眾利益為先，亦且只有黨的榮譽，不計個人利害，敞開黨的大門，對所有的諍言，出之以接受和惕勵，歡迎所有同一追求反共復國目標的同志和黨友，攜手合作，希望所有同一爭取自由幸福趨向的志士和同胞，共同奮鬥。

我們對國家、對民眾，既要出之以「無我」的態度，這是我們革命民主政黨的基本精神；但是我們在國際政治上，卻是要一切出之以「捨我其誰」的態度，對世局匪亂之洞察主制，處處有主觀的「我」在，特別是在反共鬥爭的外交陣線上，我們必須把握原則，堅守立場，絕不變易，絕不中止。

我們一再申明，今日沒有所謂「臺灣問題」，只有「中國問題」。我們也一再申明，我們國民革命是同時進行民族復興、民主憲政、民生建設的革命，因此這民族復興、民主憲政、民生建設大業的完成，才就是「中國問題」的解決。

誰也明白，「中國問題」是世界反奴役、爭人權、謀求全球和平、維護人類文化整個進程中的主要環節，因此中國人長久以來前仆後繼、成仁取義、犧牲奮鬥、屹立不搖，不僅是為國家獨立、民族生存而戰鬥，亦是為世界自由、和平、正義而戰鬥。我們今天更是以臺澎金馬作為復興基地，肩負起為八億血肉相連的同胞、一千二百萬方公里的土地而奮鬥的十字架，同時肩負起為全人類反奴役、爭人權、要自由、謀和平而奉獻的十字架。

總裁曾經惕勵我們：「每一頁革命歷史都在明白的

證驗著：我們革命者一向是孤軍奮鬥的，是孤立於險阻艱難之中，孤立於道義正氣之上的，而且我們是常在為人所侮辱打擊分化之後，一次又一次扭轉劣勢而終底於成的。」因此，我們

——要堅持道義正氣，而且深信世人終將正視道義正氣，認清中國反共問題，實即為世界問題之一體；

——堅守民主的陣營，和一切善意待我的國家發展友好關係；

——堅守反共的原則，不與任何共黨接觸，而且我們要倍加警惕，不能在敵人的統戰陰謀之下鬆懈；

——堅持信念，不惑不懼，我們要在國際姑息主義的政治逆流沖激之中，衝破險阻艱難。

　　總之，「千磨萬劫猶堅勁，任爾東南西北風」，我們以自立自強的主權，不屈不撓的道德勇氣，「莊敬自強，慎謀能斷」，任何「低盪」「均勢」「多元權力中心論」「關係正常化的模式」……都不能搖撼我們，挫折我們。

　　在這裡，經國還要再次談到中美關係。中國人和美國人之間的友誼，是有其長久的歷史根源的。這個長久友誼的主要原因，是由於中國人愛好和平自由，這是和美國的民族性相同的；而且百年來中國文化和西方文化的相互影響和整合，美國人的崇高理想和精神，和中國人頗能聲息相通。當然最主要的還是中美雙方的利害一致，尤其是在二次大戰期間的並肩作戰，使美國人和中國人的關係愈益深厚。

　　美國人和中國人之間有著如此深厚的友誼，但是有

沒有「障礙」呢？有，那就是迫害人民的中國大陸的共產政權。

如何除去「障礙」？唯一的途徑，是幫助中國大陸人民及早恢復自由，恢復其與一切人類自由交往的基本人權。我們以將近三十年的時間，從事於這種努力，獲得了相當的成果。第一、是我們在臺灣團結了海內海外的人心，締造了一個符合中國傳統與自由繁榮的政治和經濟。第二、這種希望的信息，已經傳到了大陸同胞，使他們瞭解到，我們始終為他們的重獲自由而奮鬥不懈。此外，我們中華民國的社會制度、政治制度及思想型態各方面，和美國基本上相同，即是同樣的愛好和平、崇尚自由、堅守道義、尊重誠信。

所以說，美國人和中國人如果有「障礙」，就是共匪，共同除去這個「障礙」，美國更會贏得世人的尊敬。

大家也都明白，共產主義在意識型態上，最嚴重的後遺症就是修正主義，有共產主義就有修正主義，而有共產黨，即必有路線鬥爭和權力鬥爭，而這些鬥爭往往又相互為工具、為藉口，反覆傾軋，糾纏不已，此所以一部國際共產主義、共產黨的歷史，就是一部修正主義、路線鬥爭和權力鬥爭史，而中國大陸共產匪黨的矛盾鬥爭，尤其激烈，五十多年來的中國共產黨，就是一個集叛亂、顛覆、分化、破壞、迫害的罪孽於一體，而又不斷整風、整黨、互相鬥垮鬥臭的罪惡集團。

其他遠的不說，現在「四人幫」雖已垮台，「五人幫」已經得勢，但是共匪說：「同四人幫的鬥爭，是一

場歷史性的大決戰，這一場大決戰的廣度和深度，在我
們黨的歷史上是罕見的。」自然，所謂「四人幫」的
餘黨，還有隨時死灰復燃的可能，所以它更兇狠的揚言
「深入揭批四人幫」，「對四人幫及其餘黨決不能手
軟」，特別是為了鞏固新的「五人幫」，還要把鬥爭的
箭頭，指向「一伙披著馬列主義外衣的政治騙子」，於
是許多的匪軍匪黨偽政權頭目，一個一個被打成了「風
派」和「溜派」。

共匪說，「四人幫」進行了「反軍、亂軍、篡軍
的陰謀活動」，「嚴重干擾破壞科學、教育、文化領
域」，「四人幫干擾破壞造成的、國民經濟長期停滯不
前、甚至倒退下降的局面」。總之。一切罪名，都栽上
了「四人幫」，說是「四人幫瘋狂破壞」，「造成的嚴
重惡果」，但這一場新的「窩裡反」的對「四人幫」鬥
爭、而新「五人幫」也在相互鬥爭的結果，迫使共匪的
政治、經濟、軍事、文化各部門，更加成了「黑暗的
中國」。

現在我們不妨更深入一些看看：

——它在「國民經濟長期停滯不前，甚至倒退下降」的
　　情況之下，還有力量搞「四個現代化」嗎？它有
　　力量「把國民經濟搞上去」嗎？它有力量對外貿易
　　嗎？因此它所侈言的「四個現代化」，顯然又將
　　是壓榨大陸同胞、同時大搞另一個新整風新鬥爭
　　的工具。

——它說，教師隊伍和「十七年培養的知識分子，世界
　　觀基本上是資產階級的，是資產階級分子」，所以

華匪國鋒猙獰的說，「站穩了腳根，站穩了無產階級立場的知識分子，還是少數」，顯然，這又是再次對大陸知識分子行將開刀的「欲加之罪。」

──眼前它又在大搞其偽「人代會」，共匪新的修正主義鬥爭、權力鬥爭，又在開始了，必定會有一批接著一批的「眼中釘、肉中刺」、視為他們「篡黨奪權的最大障礙」，全要「決不能手軟」的被整肅、被鬥爭。

共匪內部鬥爭愈烈，它對外的「既聯合又鬥爭」的那套統戰也會愈烈，它希望在均勢中掙扎坐大，所以它想利用企求均勢的矛盾，來製造矛盾，大搞統戰，對美、對俄、對日、對「第三世界」都是如此；統戰之不足，又搞幕後的操縱侵略戰爭，今天對高棉共黨和越南共黨，亦是如此；正如毛澤東自己喜歡說的，最高興的事莫過於「坐山觀虎鬥」。

試問，如此行徑的共黨政權，如何希望它「對世界性秩序」，能有「建設性參與」？那又置中國大陸八億人民的意願、生存、人權和希望於何地呢？

現在經國要向全會報告的是民生建設和國防建設的方面。

從第十一次全國代表大會到現在一年三個月之中，我們仍本一貫的經濟方針和政策，一方面積極完成十項重要建設，推動新的六年經建計劃；一方面還要在六年經建計劃之後，賡續進行十二項建設，在現階段即作整體的規劃。

大體來說，國際經濟復蘇，至今依然緩慢，對於我

國經濟成長，仍有其重大影響，尤其去年一年之中，臺澎金馬地區，連續遭受旱災、水災和兩次大颱風的侵襲，受到重大損害，但是即使如此，六十六年的經濟成長率，仍然達到百分之八‧○八。

政府為因應國際經濟情勢的變動，促使經濟戰力的持續發展，動員所有人力、財力和資源，已將經濟設計委員會和財經小組合併改組為經濟建設委員會。

目前世界一般國家對於經濟穩定和經濟成長，深感不易兼籌並顧，但是我們由於民眾和政府的通力合作，保持了在安定中發展的局面，使外貿成長率高而物價上漲幅度較小，大體說，穩定和成長，相輔相成，得到相當的成就，當然這也是極盡艱難的成就，今後依然要以此為努力的目標。

針對現階段經濟建設的需要，除了適時策定新的財稅、金融、物價、投資、就業、貿易的政策，和積極協助農工商業之外，應該進一步針對經濟結構，和經濟環境的轉變趨勢，作新的透視和策劃，使經濟建設確能紮根，經濟戰力確能成長，經濟發展的基礎確能日益鞏固。

這也就是說，依據「在穩定中成長」這一政策，當前所宜加強者，即在於：

──經濟穩定、經濟成長、經濟平等的相需並進；

──「服務經濟」的策進，用最適宜的手段，導致最大的公共利益；

──政府領導部門和政策的強化，以擴大經濟作為。

但是我們所必須注意的，就是近年來我們的經濟環

境，固然受到國際經濟停滯膨脹危機之衝擊，然而內在的因素，諸如經濟結構和消費方式的蛻變……產生了許多有利不利的影響，有的使我們增長了新的刺激因子，有的卻相對的沖抵了努力累積得來的果實。

質言之，今後我們不能只是努力於經濟擴張的物質層面，還當重視精神生活與物質生活並重的精神層面——生活水準提昇，生活素質亦必須提昇，於是社會風氣樸實，自然環境清潔，公害逐漸減少，亦即在經濟繼續成長的同時，使國民的身心能夠保持平衡，國民的情感與理智能夠保持和諧。

經國在第十一次全國代表大會政治報告中，曾經指出：文化建設、心理建設和社會建設三者是相互關連的，經國以為基於這一看法，今天必須使學校教育和社會教育，都能貫注倫理、民主、科學的精神，使道德、人性、自由、民主的觀念和實踐，能夠和國民智識、國家建設深相結合，如此才是新生活運動的再貫徹，中華文化復興運動的普遍實踐。

同時要使青年們自由發展其身心，並導正其思想，使我們的社會開放更開放，自由更自由。也就是要使青年們習於有紀律的自由、有組織的民主，人人重視安定的生活，乃是由於有秩序、能禮讓、能尊重他人而來，人人重視社會的進步，乃是合乎理性的思想，導致群體的合作和人性的昇華而來。在這樣一個前提之下，才能使

——學術研究自由、就業創業自由、社會生活自由；

——道德修持、人權維護、衣食豐足，成為人人生活的

　　整體。

　　在文化建設、心理建設和社會建設的過程中，我們要使

──經濟發展和社會結構變異中、伴生的偏差和弊害，減少到最低程度；

──以自由的思想和精神，去徹底淨化共產邪惡的意識型態的毒素；

──藝術、文學以及大眾傳播，反映人心人性、反應社會光明，走向活潑的、健康的、純潔的道路。

　　國防建設乃概括建軍與備戰而言，我們現階段的國防建設，是針對反共復國戰爭全民的、全程的、全面的、總體的性質，而努力於一面建軍、一面備戰，使國軍隨時能戰，隨時可戰。

　　二十八年以來，我們整軍建軍，已經從國軍軍事思想、教育訓練、人事與編裝、國防科學與技術，一直到森嚴的軍紀與高昂的士氣，樹立了新的一貫體系；同時戰略計劃、參謀作業、三軍聯合作戰的作為，足以適應現代戰爭；而政治作戰和特種作戰的磨練，也足以適應反共戰爭；對於武器更新、部隊動員，更是在精益求精，勝益求勝。

　　敵我的形勢，驟看起來，好像大陸共匪殘酷的控制著八億人民，力多勢眾，但是共匪的臃腫虛矯，沒有任何人比匪軍頭目自己更清楚，共匪才是真正的「紙老虎」，因此敵我虛實的對比，一天比一天明確。特別是大陸同胞「如隨時可以爆發的火山熔岩般」的反共怒潮，只有更加加速匪黨匪軍的敗亡，而決非它可以「參與世界性秩序」的力量。

經國以為，我們反共復國戰爭，既然是世界反共的全面鬥爭中的一環，因此這一場戰爭，和國際戰略形勢，乃是息息相關、相互影響的。今天我們臺澎金馬復興基地自立自強的奮鬥，其所造成的「地緣的戰略地位和政治的心理地位」，在自由國家「政治兵棋」的推演之中，早已居於舉足輕重的地位，即使國際上有人敢於忽視我們，抹煞我們，但是戰略形勢的推移，我們自知，只有一天比一天的更「為人之所不能輕」。

共匪在對世界侵略的「長期鬥爭」中，一向的伎倆，是以思想麻醉、謀略分化、組織滲透、心理欺騙、群眾裹脅為手段，使無形的政治顛覆，與有形的軍事侵略、交互運用而得逞的。今天國際間，在姑息氣氛濃厚而「低盪」仍想「借屍還魂」的時刻，我們尤其要在世界戰略形勢推移變化之中，遵循領袖提示，反共復國「三分軍事、七分政治、三分敵前、七分敵後、三分直接會戰、七分間接路線」的政略戰略方針，主制戰機，掌握時勢，形成主動，以全面性、決定性的戰鬥，完成我們反共復國驚天動地的大業。總之，反共復國之戰，一切操之在我，成之在我。

我們建設臺灣、光復大陸、必勝必成的信心與決心，一方面是來自海外僑胞。

現在海外回國投資、就業、升學、探親、觀光、定居的僑胞，一年比一年增多，對政府的批評建議與各項建設的貢獻和參與，也一天比一天增多，這是海外同胞以行動、以精神表示對祖國的熱愛，我們還進一步希望，海外人士一齊來譴責大陸共匪對人權的壓制，對知

識分子的迫害，對民族意識、傳統文化的摧殘。

復興基地的大門是敞開的，我們歡迎所有海外同胞
隨時回到祖國，歡迎所有懷著高度愛國情操、而殊途同
歸的中國人回到祖國，歡迎曾經「認同」共匪、「回
歸」大陸、而又唾棄共匪的人，回到祖國。

我們必勝必成的信心和決心，另一方面更是來自反
抗暴政、爭取自由的大陸同胞。

事實證明，毛澤東的死亡，匪偽政權並沒有放鬆對
大陸同胞的奴役迫害；

事實證明，「四人幫」的垮台，匪偽政權並沒有使
大陸同胞有絲毫自由的希望；

事實證明，那裡有共產政權，那裡就有戰爭、有饑
餓、有鬥爭。

所以大陸同胞是從心底裡就反共，而亦必能是和我
們反共復國的奮鬥相一致、相結合的。因此，我們要強
調重建大陸的主張，更重申我們對大陸同胞自由幸福的
保證！

我們還要對布建在大陸敵後的工作同志，表示慰勉
和關切，要對為國家民族殉難同志的正氣英風，表示無
限的追思悼念。

復興基地同胞和大陸同胞，血濃於水，淵源有自，
所以我們要時時心存大陸，念念毋忘在莒；臺澎金馬是
反共復國民族聖戰的基地，但是大陸一千二百萬方公里
之闊，那才是中華民族生存發展、綿延再盛的領域，所
以我們唯有風雨同舟、精誠團結，求安定、求鞏固，進
而求進步、求勝利，才有出路，才有發展。

　　全黨同志們！國難黨責已臨急迫關頭的此刻，我們要一如總裁所昭示的，為主義、為國家、為全民、為歷史所召喚，來作一次更光榮、更偉大的奮鬥；雖然今天國家民族所提供我們的，卻只是流汗、流血、升空、跨海、翻山、行軍、戰鬥、建設、訓練、組織、紀律和勞苦犧牲，「但其預期的必然結果，則是一千二百萬方公里版圖的光復，大陸全體同胞生命與生活的得到解救和自由，三民主義中國的重建，中華民族的復興，全球人類的福祉、與世界和平安全的維護與確保」。

　　各位同志！經國要乘全會的開幕，向各位先進同志表示敬意，向各位出列席同志表示慰問，向各位工作同志表示謝忱，同時並祝全會圓滿成功！

2月15日　星期三

上午

九時三十分，本黨第十一屆二中全會進行第三次大會，由主席團主席嚴家淦主持，會中一致通過提名蔣主席為中華民國第六任總統本黨候選人；並由中央評議委員主席團及二中全會主席團全體主席，向主席報告大會選舉結果。主席於聽取選舉經過報告後表示：敬謹接受提名，決心為黨國致力效命。

下午

二時三十分，主持二中全會第四次大會，以總統候選人身分，提名謝東閔同志為副總統候選人，旋經大會以一二九票通過提名後，主席宣讀書面聲明，指謝東閔同

志實為副總統本黨候選人適當人選。

六時三十分，與全體與會人員會餐。

聽取選舉經過報告談話

　　今天第十一屆中央委員會第二次全體會議，中央評議委員第二次會議通過決議，徵召經國為中華民國第六任總統中國國民黨候選人，中心十分惶恐。

　　經國自以黨員從政，一向以「在黨為忠實的信徒，在國為忠誠的公僕」自惕自勵。自從總裁逝世，國難黨責，與日俱深，經國所當化悲痛為行動，兢兢業業，倍加努力者，即在追隨先進，相與同志，如何堅此百忍，共濟艱難；如何實踐遺訓，貫徹主義；如何銳意革新，造福民眾，但深自省察，實無一能報稱黨國。

　　嚴家淦先生輔佐總裁，並繼任總統以來，盛德隆勳，海內海外莫不崇敬，而嚴先生謙德沖懷，舉經國為繼，中央評議委員主席團及中央常務委員會諸同志，因以向全會建議提名。今日黨中既有先進，同志亦多賢能，以經國之力之德，何足繼嚴先生以肩承全黨同志之付託，此經國中心惶恐又不自安緣由。

　　但是經國身為革命黨員，久受黨國的裁成，受先進同志的督教，受全黨同志的期勉，此刻懷於國家興復、革命責任、本黨榮譽之重；懷於世變時難的日烈一日；懷於殷憂大責的方興未已，敢不敬謹接受提名，參加競選，為「實踐三民主義，光復大陸國土，復興民族文化，堅守民主陣容」而致力效命。

選舉副總統候選人書面建議

依據本黨第十一屆中央委員會第二次全體會議第三次大會所通過的「中華民國第六任副總統本黨候選人由中華民國第六任總統本黨候選人提名」之決議，謹向大會提名謝東閔同志為中華民國第六任副總統本黨候選人。

謝東閔同志為臺灣省彰化縣人，少年時期即富民族意識，二十歲時因反抗日人統治，不遑安處，適總裁領導國民革命軍北伐，中心景慕，毅然離臺，先後求學於上海、廣州等地，大學畢業後，從事新聞文化教育工作，嗣任本黨臺灣省黨部（設於漳州）執行委員，並曾為第六次全國代表大會代表。

對日抗戰勝利，臺灣光復，謝同志立即返臺，其後在高雄縣長、教育廳副廳長、師範學院院長、省議會副議長、議長、臺灣省政府主席任內，一意致力於民意溝通及地方建設，執行中央政令，貫徹反共復國決策。

謝同志數十年來，無論在文化、教育、民意、行政、黨務等任何工作崗位，均富有創意，卓著勤勞。而不畏邪暴的膽識和堅忍，治事公勤的態度和襟懷，充分表現革命黨員忠愛國家的精誠志節。

謝同志實為副總統本黨候選人適當人選。

2月16日　星期四

上午

九時，主持行政院院會，提示：

廣建國民住宅，是實踐民生主義的重要政策措施，現已

列為十二項建設之一，其目的在加速改善國民住的問題，使大家都能安居樂業。有關部門，應立即著手積極推動，並特別注意以下四點：

一、時間上務必把握進度，按照預定計劃執行；

二、施工上務必確實做到堅固安全；

三、管理上務必保持國宅社區環境的整潔美觀；

四、維護上務必妥善注意建築的保養修護。

下午

四時，接見立法委員張子揚等。

2月17日　星期五

上午

九時，接見立法委員蕭贊育等。

下午

四時，接見立法委員陳顧遠等。

2月18日　星期六

上午

九時，抵臺中成功嶺聽取大專學生集訓班簡報。

十時，主持大專學生寒訓結訓典禮，勉勵集訓大專青年，人人體認自己對國家社會的責任，以知識報國，以工作報國，以戰鬥報國，以良知血性報國。

中午

參加寒訓大專學生會餐。

2 月 19 日　星期日

上午

十時,在陽明山中山樓參加第一屆國民大會第六次會議開會典禮。

2 月 20 日　星期一

中午

十二時,在三軍軍官俱樂部,以午餐招待回國參加使節會議之駐外使節,並期勉外交工作同仁,堅忍弘毅,把握原則,推展革命外交,加強友好關係。

下午

五時,接見日本眾議員藤尾正行。

2 月 21 日　星期二

上午

九時,列席立法院第六十一會期第一次會議,在報告施政中,恭讀了總統蔣公親筆箚記中一段話,說明今日反共戰爭,其成敗在於主義、思想、責任與力量。並重申我們貫徹反共國策的立場不變,必能獲致最後的成功。我們要建立一個廉能的政府,保障人民生活,對行政工作的缺點政府將大力改進,期望全體軍公教人員,應以「真心為國家」為座右銘,真正的為國家、為國民貢獻

心力。

中午

十二時三十分，應美軍第七艦隊司令鮑德溫中將之邀，
至其旗艦「奧克拉荷馬城」號參觀，並接受午宴款待。

下午

三時，列席立法院會議，並答復質詢。
六時，參加行政、立法兩院聯合會餐，並述說有關總統
蔣公生前「喜、怒、哀、樂」之小故事，益增大家思念
崇敬之忱。

2月22日　星期三

上午

八時，接見美軍第七艦隊司令鮑德溫中將。
九時，主持中常會。

中午

十二時，在陽明山中山樓，以便餐招待國民大會本黨籍
代表，並致詞表示：
一以嚴肅、鄭重、堅定和樂觀之心情，接受黨的徵召，
參加第六任總統競選。保證如獲當選，一定竭盡心力，
把一切時間以至生命，奉獻給黨和國家，和大家一起努
力奮鬥，創造國家光明前途。

下午

六時十分，參加美軍第七艦隊司令鮑德溫中將酒會。

2 月 23 日　星期四

上午

九時，主持行政院院會。

十時，接見駐舊金山總領事鍾湖濱。

中午

十二時，在三軍軍官俱樂部，以便餐招待國民大會青年黨籍、民社黨籍及無黨無派代表，並且表示：

中國國民黨提名為第六任總統候選人，等於是一項作戰命令，只有服從。如獲當選，一定殫精竭慮，奉獻一切，為國家創造光明前途，以無負國人的期望。

餐後，接見于斌樞機主教。

2 月 24 日　星期五

上午

九時，列席立法院會議。

下午

三時，列席立法院會議，在答復質詢中，表示：

一、在復興基地出生、成長的這一代青年，是中華民國有史以來最幸福的一代，因此期望全國青年體認自己對國家所負的重責大任，與政府結合在一起，共同為建設國家而努力奮鬥。

二、我們的經濟發展，要把握兩大原則——建立均富的
　　社會，在物價穩定中求發展。

三、當前經濟政策，是農工並重，使國家經濟能有平衡
　　與高度的發展。

四、對漁民辛勞表示慰勉，並強調增建漁港，以配合漁
　　業發展。

五、勞動基準法草案，正積極進行研擬，俾能完成
　　立法。

2月25日　星期六

上午

九時，出席中樞紀念國父月會。

十一時三十分，飛抵臺中，巡視臺中市政府及國立中興
大學，並探望公路局退休司機陳聰明。

中午

在中興新村省政資料館，約嘉義縣縣長涂德錡、雲林縣
縣長林恆生、彰化縣縣長吳榮興、臺中市市長曾文坡、
臺中縣縣長陳孟鈴、南投縣縣長劉裕猷、苗栗縣縣長邱
文光等共進午餐，垂詢彼等就職以來工作狀況與地方建
設情形。

下午

二時三十分，巡視南投水果酒廠及平林國民小學。

四時四十分，至日月潭總統蔣公銅像前瞻仰行禮致敬。

小坐後，前往臺灣省茶葉研究所魚池分所巡視。

2 月 26 日　　星期日

上午

八時三十分，至南投鎮，訪晤南投縣縣長劉裕猷於其寓所。

九時四十五分，訪晤臺中市前任市長陳端堂。

十時，至臺中縣政府，訪晤縣長陳孟鈴，詢問地方建設情形。

十時三十分，參觀石岡水壩及五福臨門神木風景區，並訪問農家。

2 月 27 日　　星期一

下午

六時三十分，參加多明尼加國慶酒會。

2 月 28 日　　星期二

上午

九時，列席立法院會議。

下午

三時，列席立法院會議，在答復質詢時，表示：

實行民主政治，是政府永不放棄的目標，處在面對敵人、面對國際逆流的今天，最重要的是維護國家的命脈。我們中國國民黨對於自己的國家，只有貢獻、犧牲、奉獻，沒有任何權利。如果沒有中國國民黨領導抗戰，今天的臺灣恐怕還在日本統治之下，如果沒有中國國民黨領導反共鬥爭，恐怕今天的臺灣已變成第二個越

南了。今天我們同在一條船上，只要我們都能以破釜沉
舟，同舟共濟的精神，團結奮鬥，一定會得到最後的
勝利。

3月1日　星期三

上午

九時，在第一屆國民大會第六次會議第二次大會中，提出施政報告，說明自第一屆國民大會第五次會議以來，我們在「一個艱險中的奮鬥」，並強調「秉持民族大義肆應世變，誓滅共匪」，「以堅忍剛毅面對一切現實挑戰」，「以慎謀能斷來實現國家目標」，和「以滿懷希望爭取最後勝利」。

報告後，接見國民大會代表谷正綱。

第一屆國民大會第六次會議第二次大會
施政報告

主席、各位代表先生：

　　國民大會在此世事多變、國步多艱的非常時刻，依法舉行第六次會議，回顧既往，面對現實，策進未來，實在具有非常的意義。對各位代表先生忠藎謀國，永矢精誠，為昌大憲政法統、弘揚憲政體制所作的貢獻，經國敬致由衷的欽佩。

　　中華民國憲法是全中國人民的神聖付託，更是民主自由正義的象徵。只是今日大陸國土未復，八億同胞陷於共匪的暴政奴役之下，不能與我們同沐憲治的福澤，使我們益感愧疚之深，責任之大，而必須加緊實踐總統蔣公的訓示：「維護憲法的有力行動，莫過於光復大陸；光復大陸的武器，莫過於尊重憲法。」

　　誠然，當前世變紛紜，我們仍處於翻騰起伏的濁浪之中，但深信只要掌穩我們的航向，堅持反共復國的目

標，鞏固民主憲政的基礎，就必能通過險阻，達成我們的使命！

　　回顧自國民大會第五次會議以來，過去六年之中，以國際政經動盪之大，中共匪幫亂國之烈，與我們堅忍圖成之苦，尤其是畢生為民主憲政而奮鬥的領袖總統蔣公又與世長辭，我們的國家真可說是經歷了危疑震撼前所未有的艱險階段，對我們反共復國大業和實施民主憲政的歷史任務來說，更是通過了一段嚴酷考驗的重要里程。由於我們舉國一心，以無比強固的團結、無比剛毅的決心，也以無比堅定的信念，克服了重重困難，衝破了層層障礙。奮鬥的經過雖是艱辛的，但我們心胸坦蕩，滿懷建國的熱誠，也充滿對前途的希望，所以樂觀勇敢，士氣如虹，履險如夷。

　　總統蔣公在第五任總統就職典禮的致詞中曾經指出：「中華民國政府一貫的乃以民族大義、民主政治、民生經濟、國民武力、革命外交，為其統合的努力的方向」，並又昭示：「以政府與國民的合成心力、團結一致為基礎，以倫理、民主、科學為政治革新、社會改造之張本，亦就是為國家重建，民族復興，益堅意志，再創新局」。蔣公遺囑，復以「實踐三民主義，光復大陸國土，復興民族文化，堅守民主陣容」為訓，給我們提示了奮鬥的途徑與方針。這些年來我們在逆流中奮鬥而屹立不搖，為開創新局而勇往直前，所憑藉的正是領袖的精神永在，也正是全民一致的合成心力。

　　我們在共產主義赤禍滔天、國際姑息逆流泛濫的混沌世局中，百折不撓，堅守基本國策，便是基於我們的

民族大義，求國家的獨立自主，並以提倡國際正義，來促進世界的和平。中華民族有剛強不屈、公正無私的性格；中華民族有明廉知恥、忍辱負重的精神；中華民族有崇禮尚義、博愛行仁的氣質。由這民族的性格、精神和氣質所養成的民族大義，使我們自衛則堅忍，處世則和平；同時也由此而匯成自強不息的民族力量，恆使我們在艱彌勵，歷久彌新。

自從我們退出聯合國以來，就憑我們這樣的民族大義和力量，堅持中華民國憲法所制定的國體決不改變，中華民國的國格尊嚴不容貶損，並以革命外交的鬥志，堅守民主陣容，與所有民主自由國家開展經貿文化友好關係，故能莊敬自強，處變不驚，毅然以東亞反共保壘、捍衛亞太地區和平安全為己任！

我們誓滅共匪，更是激於民族大義，為鞏固國權、伸張民權所持的堅決意志。中共匪幫竊據大陸以來，奴役人民，迫害同胞，種種反人性、反理性的罪行，不僅都是「非中國的」，而且喪心病狂，以摧殘中華文化、敗壞民族倫理為其能事，更是澈頭澈尾中華民族的叛逆，中國人民的公敵。我們對於共匪這個叛逆集團絕不妥協、絕不談判的堅決立場，便是秉持民族大義永不改變的立場，而且深知匪幫永無休止的內鬥內亂必將因此被迫產生劇變，以至完全崩潰。因之，我們要高舉民族大義，使大陸苦難的同胞，獲得我們民族愛的呼喚、同胞愛的照耀，用愛去使他們覺醒，用愛去使他們堅強，用愛使他們奮起，和我們弔民伐罪的反攻聖戰裡應外合，一同齊力來使匪偽政權加速潰亡！

　　我們力行民主政治，不僅因為那是一種理性的合乎現代潮流的制度，更是因為我們深信唯有以民意為依歸的民主政治才是最有力量也最鞏固的政治，唯有合乎人類追求自由平等需要的民主政治才是最有前途的政治，所以我們用最大的熱誠要來建立一個良好的民主政治制度，為中華民國的長治久安厚植根基。

　　這些年來，不顧週圍環境的如何動盪推移，我們就以這份信心和熱誠，由全力推進地方自治到增選補選中央民意代表，都是為了從實踐中來健全民主制度的設施，強化民主憲政的功能。我們深知，民主政治由起步到成熟，其間需要存誠務實、存養涵泳，更需要容忍。而我們也深信，我們亦必由此而踏著正確的民主腳步，走上昌明的政治坦途。

　　當然，民主政治也是法治的政治，民主與法治乃是一體的兩面而不可分的。唯有人民與政府或人民與人民之間，各守分際，相互尊重，法律之前人人平等，民主政治才可功能益顯，否則將是沒有秩序的政治。我們決心力行民主，更有決心厲行法治，來保障國家的安全和國民的權利與自由，保證健全民主制度的建立。以往如此，今後亦復如此！

　　我們發展民生經濟，是以民生哲學的思想為基礎，本於「民享」的原理，謀國民經濟的發展，求國計民生的均足，來達到「均富於民」「藏富於民」的理想。所以我們從事一切經濟建設，都是以蓄積國家力量和增進國民福祉為兩大主要目標；所行經濟政策，也無不期望這兩個目標的實現，以臻民富國強的境界。

在「民享」的前提之下，我們採取促進經濟成長的各種措施，來增加國民就業，提高國民所得，改善人民生活。同時也在「均足」的要求之下，力謀穩定與成長的兼顧，農工商業的並重，城市與鄉村的均衡發展，以及勞資雙方的和諧合作，來使經濟建設的成果真正能為國民大眾所共享，而決不是為少數人造就特殊利益。

這些年來，把握以上要領，藉著計畫性自由經濟制度的運作，更賴全體國民的辛勤耕耘和敬業精神，我們在全球性的經濟風暴中，不僅穩住了國際經濟動盪的衝擊，而且保持了我們經濟的繼續穩健成長。

過去六年之中，我們於順利完成第五期四年經建計畫之後，跟著執行第六期的四年計畫，到民國六十四年，也就是原計畫的第三年，為了適應當時國內外經濟的重大變化，也為了十項重要建設已在積極開始推動，爾後的經濟型態勢有不同，所以又自民國六十五年起重行實施一個新的六年經建計畫，主要目的在於：改善經濟結構，促進經濟現代化，厚植發展潛力，加強經濟應變機能，促進經濟與社會的平衡發展，逐步建立安和樂利的均富社會。

我們的努力沒有白費，在這關鍵性階段中的每一時刻和每分力量也都沒有虛擲，十項重要建設大多接近完成或已經完成，那是我們萬千工程人員和工人們移山填海的辛勞成果，也是他們報效國家的偉大貢獻。從民國六十年到六十六年之間，我們的國民生產毛額六年中增加了百分之五五‧六，平均每年的實質經濟成長率為七‧八。同時期內農業和工業生產的平均每年增加率分

別為三‧三和一三‧一，工業和服務業所佔國內生產淨
額的百分比由八五‧一增為八六‧六，相對的農業比重
由百分之一四‧九降為一三‧四；而工業本身之中，重
化工業所佔的比重也由百分之四一‧九升為五二‧七，
明顯地指出我們的經濟結構正朝現代化的方向進步轉
變。六年中我們國內資本形成毛額依當年價格計算，由
六百七十六億元增為二千億元（新臺幣），對外貿易額
則由總值三十九億美元增為一百七十八億美元，其中進
出口都分別增加了三點五倍。這些指標，充分顯示了我
們國家在過去六年中國力的成長和成長的幅度，那是全
民勤勞所獲的豐收。

　　由經濟成長而使國民生活能有更好的改善，也有
若干頗具意義的統計數字可以表示。國民平均每人年
所得，按每人生產淨額的市價計算，由六十年的一萬
六千二百九十九元（新臺幣），到六十六年增加為四
萬一千零一十元，折算美金由四百○七元增為一千零
七十九元，增加率達二點七倍。以國民生活的品質來
說：食的方面，平均每人每日攝熱量去年為二千八百卡
路里，較六年前增加百分之四‧七，蛋白質七十七公
克，較前增加百分之六‧四；衣的方面，平均每人每年
消耗各種成衣材料，由十二‧八磅增為十三‧五磅；住
的方面，平均每人居住房屋面積由二‧七坪增為四‧七
坪，家庭用電平均每人每年消耗量由二百一十二度增為
四百二十一度，六年間各級政府興建國民住宅六七、
四五五戶；行的方面，機車由平均每千人五五‧七輛增
為一四二‧七輛，汽車由每千人八‧八輛增為二三‧五

輛，電話由每千人三十三具增為一百○三具。這些資料，都明白指出了國民生活在過去六年中實質上的進步和改善，那就是我們發展民生經濟所期望的目標，使經濟建設的成果為國民大眾所共享。

更應該報告的，我們國民所得的分配正漸趨向於符合我們「均富」社會的理想。一個國家經濟不斷發展，國民所得也隨之不斷提高，但在多數國家經濟發展過程中，國民所得每隨經濟發展而易趨集中，如果集中的趨勢加速發展，貧富差距擴大，社會的安定便難以持續。所以政府必須藉著政策的導引，採取適當措施，來防止所得集中趨勢的增長，使經濟發展成果不為少數人獨占，而為全體國民分享。根據資料，我國個人所得的分配狀況，如依收入大小順序分為五等分，觀察過去許多年來的變動，指出最高所得的一組較最低所得一組的平均差距，自五十三年的四‧三倍，已經下降為六十五年的三‧二倍，顯示貧富間的差距逐漸趨於縮小，正是我們民生主義經濟政策所要求的目標。

當然，同樣我們所不曾忽略的，是這些年來力謀財政收支的健全。由於嚴格控制預算，自六十一年度至六十六年度中央政府總預算的執行結果，每年都有歲計剩餘，六個年度綜計共有四百九十多億元，可以用為支援各項重要建設的財源。加上這些年中，我們對於貨幣供給額的增加，一直注意控制在一個適當的幅度，以保持物價水準的穩定，而使我們的經濟得在穩定中繼續發展成長。

我們整建國民武力，是本於民生與國防合一的要

義，來鞏固國防，保衛國家，保護人民。我們所有建
設，處處都以國防著眼；同樣所有國防軍事設施，都以
保障民生為依歸。也就是我們國家建設，在平時有其民
生的效用，在戰時則發揮國防的威力。唯有民生與國防
合一，才能促成國民與武力的真正結合。

多年來我們致力整軍經武，明恥教戰，不僅在有形
武力上已經建立一支能攻善守的精銳勁旅，在精神戰力
上更是凝成軍民一體的堅強反共部隊，時刻保持全民動
員的警覺戒備和敵愾同仇的高昂鬥志，具有確保復興
基地安全的防禦能力，亦有隨時待機反攻獲勝的萬全
準備。

我們正養精蓄銳，「靜如山立」，枕戈以待。一旦
形勢匯成，則將士用命，「動如火發」，便是反攻復國
戰爭最後勝利的到來！

回顧過去的每一片段，都是我們全體國人艱辛奮鬥
的事實紀錄，是我軍民同胞遵循總統蔣公指示，一貫
「以民族大義、民主政治、民生經濟、國民武力、革命
外交為統合的努力方向」，用血、淚、汗所寫下的英勇
史頁。我們永遠記住這些過去，因為那是我們走向勝利
成功所必經的階石！

各位代表先生：我們經歷了許多艱苦的考驗，我們
仍舊昂然挺立，而且立得更穩固，立得更實在。不過，
面臨在我們眼前的，依然是個清濁未明的世局，而且共
匪圖我之心更亟，無疑的，我們必須面對現實，以更堅
強的團結、更勇敢的奮鬥，來克服困難，戰勝敵人。

看今日大陸，一片血腥，一片仇恨！

　　匪酋之間的權力鬥爭，正方興未艾，鬥垮四人幫以後，華、鄧兩匪的對立，愈近爭奪焦點，衝突愈益尖銳，終必演變成為一場最激烈的內鬥。

　　人民受匪偽暴政迫害的血海大仇，愈積愈深。在將近三十年的奴役剝削之下，大陸同胞至今還在為了得不到溫飽而掙扎；最基本的自由權利，全然毫無保障，至今還在恐怖中度日。這些憤怒與憎恨，隨著時日增長而升高，最後必將爆發出一場致匪偽政權於死命的抗暴戰爭。

　　很顯然的，共匪本質上早就內伏著重重危機，逃脫不了註定必亡的命運。所以一直無所不用其極，施展障眼法，製造假象，企圖轉移世人耳目，欺騙善良人民。就像最近它高喊所謂「實現四個現代化」，完全是謊言欺世，想掩蓋醜惡。其實以匪區經濟的衰敗落後，侈言「現代化」，談何容易，其結果必然是「大躍進」的再版而已。它又作盡姿態，強調和俄共的衝突，甚至不惜介入「非洲之角」的糾紛，燃點棉共與越共的戰火，也無非是利用今日世局的敵友不分，引誘美國「聯匪制俄」，藉圖苟延偽政權的殘命。

　　然而，今日共匪最感威脅而如芒刺在背的，乃是我們中華民國在臺澎金馬自由基地的強盛壯大，一直是大陸同胞和全球僑胞希望的象徵，致使共匪永遠覺得一刻都不能安定。因之我們可以預料，共匪為圖挽救崩潰命運，一方面必將利用國際間的矛盾，加強其國際統戰陰謀，擴大對我孤立，縮小對我包圍；另方面也必將加緊對我復興基地的滲透、顛覆、分化、以及製造暴亂等

種種不法活動，甚至在其心勞日絀之餘，也可能鋌而走險，實行狂妄的軍事進犯。而任何情勢的發展，都要我們正面迎接挑戰，都將是我對匪作戰的最後決勝關頭。

對目前國際現勢，我們不能否認今日世界一半自由、一半奴役的事實，然而我們不接受這一事實將被容許永遠繼續存在的任何說法。本世紀出現了共產主義，使人類將近半數淪為赤色奴隸，誠屬人類的空前不幸，但如篤信真理必能戰勝邪惡，那麼只要所有愛好民主自由的國家和人民，果敢地團結在真理的旗幟之下，發揮道德勇氣，堅持國際正義，決心做衛護民主自由的精兵，一致嚴防共黨的陰謀詭計，嚴拒共黨的敲詐勒索，相信共黨邪惡就必被壓制消滅。當然，如果自由世界不能堅強振作，不辨是非利害，繼續徘徊卻顧，姑息猶豫，則現在尚有自由的一半世界可能亦將難保！

面對現實形勢，為了貫徹我們基本國策，完成光復大陸的歷史任務，我們別無選擇，只有更堅強、更勇敢，不為時移，不為勢劫，堅定反共必勝信念，繼續朝著我們既定的正確方向，邁著大步前進。

我們將保持最大的冷靜沉著，以堅忍剛毅來應付一切挑戰。在此關鍵時刻，必須明白的、正確的表示我們的態度和立場。

我們要嚴肅的指出：凡是有礙我們反共復國大業的任何阻力，我們必將斷然加以消除；凡是有損我們國家憲政體制的任何企圖，我們必將毅然加以排斥；凡是有背國際信義原則的任何主張，我們必將全然加以反對。

我們要嚴正的重申：堅決反對美國政府與共匪偽政

權之間的所謂「關係正常化」，因為那不僅違背中國人民的意願，延長大陸同胞的痛苦，同時違反美國的立國信義、人權主張和基本利益，而且足以導致亞太地區的戰爭危機，加深世界和平的威脅。唯有加強美國與中華民國的密切合作，相互尊重條約，履行共同義務，方能符合兩國共同利益，確保亞太地區的安全和平。

我們要嚴重的警告：所謂「臺灣獨立可使臺灣人免受共黨統治」的謬論，實際上是在替共匪製造攻臺的藉口，是喪失良知、忘本取辱而又無異於自趨毀滅的妄想。臺灣從來就是中國的領土，現在更是國家民族的復興基地。唯有中華民國完成反共復國的任務，始可長保臺灣的安定、自由與幸福。我們堅決相信，暴政必亡，反共必勝，大家應當以身為中華民國國民而自尊自重，澈底摒棄苟安偏安的幻想，勇敢承擔反共復國的歷史任務，以旋轉乾坤，繼往開來，此外沒有其他的選擇。妄發「臺灣獨立」的謬論，絕對不會見容於任何愛國的中國人。同時，我們要強調，我們必盡全力做到：

——決心保衛中華文化，因為那是維繫我們民族命根的力量，代表我們民族精神的象徵，決不容許共黨叛徒的摧殘破壞，決不容許任何形式共產邪說的滲透和污染，以維護我們思想意識的純正和民族文化的潔淨完整。

——決心貫徹民主法治的政治制度，以人民的利害為利害，以人民的視聽為視聽，實現一個開明和開放的政治。並依法治的規範，依法保障人權，防止民主的偏差和自由的濫用，實現有組織的民主，有紀律

的自由。

——決心積極充實國防、建立現代化的強大三軍，掌握
制敵機先的條件，操持動靜在我的主動，來鞏固復
興基地的防禦，確保國家安全。更要隨時注視大陸
情勢，針對匪區動亂狀況，伺機策進反攻。

——決心繼續努力發展經濟，加緊民生建設，來提高國
民所得，增加民間財富，強化國家力量。唯有以均
富、安和、樂利社會的具體事實，來打敗共匪搜括
人民、製造貧窮的殘酷暴政，乃是最真切、最有利
的武器。

我們要以無比的決心，發揮無畏的勇氣來面對現
實。從過去無數苦難的境遇中，歷盡磨練，通過了無數
的考驗。我們深具自信，今後同樣也將愈艱困而愈奮
鬥，經得起任何試煉！

各位代表先生：情勢十分清楚，國家的前途，完全
掌握在我們自己手中，成敗當然也操之在我。

我們所堅持的理想和政策，用最簡明扼要的話來
說，是要把中國建立成為一個獨立自主的、統一的、和
平的、民有、民治、民享的現代國家，這是每一個中國
同胞的共同願望，而共匪則是這一共同願望的大敵。

我們的立場和態度也已十分清楚，必須除去這個全
中國人民的大敵，才能實現一個民主自由的新中國，才
能有個和平安定的亞洲。所以肅清共產毒素於中國，實
踐三民主義，光復大陸國土，是我們的神聖使命，雖千
磨百折，不達目標，絕不中止。

我們深知，單有正確的理想政策，單憑堅定的立場

態度，並不一定就能立即邁向勝利光明的前途，關鍵還在我們將有如何的做法。我們需要穩紮穩打，一步也不能錯失；也需要實事求是，一點都不能虛浮；更需要劍及履及，一刻都不能懈怠。也就是必須步步為營，事事落實，慎謀能斷，且又鍥而不捨，力行奮鬥，才能打開出路，邁向光明！

經國於接任行政院長之初，就曾說過，我們的作法將有一個最高的準則，那就是：凡於復國建國大業所必要，於建設現代化國家所必行，於國民福祉所必需的，我們就必毅然戮力以赴，毫不遲疑；反之，凡是不合時代要求，不合國家民眾利益，甚且有背復國建國大計的，我們都必斷然加以棄絕，毫不猶豫。依據這一準則，把握國家長遠目標，針對當前現實情勢，所要我們毫不遲疑、戮力以赴的，將是：

在國內，必依民主憲政體制，基於三民主義的理想，建設復興基地成為均富康樂的社會，作為光復大陸、重建國家的藍圖。

對國際事務，當一本自立自強的精神、平等互惠的原則，和堅守民主陣容的方針，積極推展總體外交，鞏固與我有邦交國家的友誼，並加強與世界上所有非共國家和人民的合作互助，增進經貿、文教、科技等實質關係，突破國際逆流，粉碎共匪統戰陰謀，開創外交新局。

對海外僑胞，要本四海一心的道義感情，體認僑胞們的處境，瞭解他們渴望自由祖國強大進步的殷切，用我國內的建設和成績來匯合僑胞們的向心。同時盡一切

能力，照顧僑社福利，輔助僑資事業，發展僑民教育，來加強全球僑胞與自由祖國心連心的緊密聯繫，展開海外反共愛國運動的大聯合，促進反共志士的大團結。

對大陸地區，更要以血肉相連的關切，來積極策應苦難同胞的反共抗暴活動，拓展敵後工作，並針對共匪的內鬥內亂情勢，掌握有利時機，發動總體攻擊，瓦解匪偽統治組織，於光復地區推行戰地政務，安定社會秩序，解除人民痛苦，保證永絕奴役迫害的極權暴政。

我們一切作法，當不離基本國策要求，從大處遠處著眼，來實現國家目標，並以誠實平實態度，來推進國家政務。

今天我們的對匪之戰，不是權利之爭，不是地域之爭，而是決定全中國人民禍福的弔民伐罪之戰，是決定中國將有一個甚麼型態的政治、社會制度和文化體系的義理之戰，也是關乎整個亞洲與世界安危的前期戰爭。簡言之，只有剷除了大陸上的共匪，使中國重歸於統一與自由，使中國人民能夠恢復安居樂業的生活，在亞洲大陸上重新建立一個和平安定的民主中國，亞洲與世界才有和平安定的展望。

因之，我們懷著最高的誠摯，表示我們懇切的希望：

——希望自由世界，特別是居於領導地位的美國，對今天的世界局勢應重作審慎的全盤評估，認清世局混沌的癥結所在，認清一半人類被奴役的悲劇都是縱容共產極權暴政的惡果，切不可因為匪俄之間的爭霸矛盾，幻想可以利用制衡，反使本身錯亂了腳

步，鬆弛了對抗。而更應認清維護世界和平的關鍵
所在，是堅持正義立場，貫徹道德原則，高舉人權
旗幟，明辨善惡，分清敵友，以明朗的、堅定的行
動，重整反共精神和勇氣，拋棄逃避現實的姑息妥
協。尤不可無視於共匪摧殘人權的事實，對世界上
最橫暴殘酷的匪偽政權，助紂為虐，來壓殺中國人
民爭自由、反奴役的願望和奮鬥！

——希望海外所有流著中國人血液的中華兒女，認清今
天中國問題的解決，只有一條途徑——消滅中共匪
幫，重建民主中華。今日我們所從事的反共復國鬥
爭，實質上是人性對獸性之爭，民主對極權之爭，
自由對奴役之爭，也就是兩種思想方式與生活方式
之爭，更是救國救民對禍國殃民的鬥爭。因此大家
要向人性、民主、自由的思想方式與生活方式「認
同」，要向救國救民的歷史任務「回歸」，為重
建民主自由獨立的中國，而共同奮鬥！

——希望大陸的同胞，在忍受苦難中，堅強反共抗暴的
意志，堅定暴政必亡的信念，信任我們一定帶著民
有、民治、民享的憲法重回大陸，光明必將來到。
在此黎明前的黑暗時刻，繼續反奴役、爭自由、不
妥協的積極奮鬥，我們必盡一切可能支援策應，推
翻暴政，同享和平康樂安寧的新生活！

——當然最根本的要寄望臺澎金馬復興基地的全體軍民
同胞，精誠團結，確立自信，愈處逆境而要意志愈
不動搖，決心愈要堅定，滿懷希望，邁向目標前
進，一切危難自可突破，最後勝利必屬我們。

　　各位代表先生：我們始終深信，國際間外在客觀情
勢的順逆，每決定在主觀力　的強弱；而客觀形勢的扭
轉與開創，尤在主觀意志力量的堅韌與壯大。只要我們
舉國一心，團結一致，共同創造強大國力，而能長期保
持政治修明、經濟繁榮、社會安定，則不論世局如何險
惡，扭轉逆勢，創造契機，都操之在我，成功亦在我。

　　總統蔣公在貴會第五次大會開幕典禮時曾經指出：
「國家主權，屬於國民之全體；國家命運，尤決於國民
之全體；無人能自外於國難，亦即無人能自外於責任！
今天不論對世局、對國事，唯一的答案，就是要匯合
智慧，以我之治制敵之亂，集中力量，以我之實擊敵之
虛。」我們必當本此提示，善盡重開國家新運的責任，
共同完成反共復國大業，重建三民主義新中國！

　　謝謝各位！

3月2日　星期四

上午

八時三十分，受頒青天白日勳章。

九時，主持行政院院會，提示：

中華民國與沙烏地阿拉伯王國的外交，是以道義為基
礎，我們必須本道義的原則，來敦睦中沙兩國的外交關
係；並在文化、經濟、商貿方面與沙國密切合作。因此
我在沙國的工程及商貿人員，必須切實做到：

一、守法：不僅要遵守國法，同時要遵守沙國的法律，
　　尊重沙國的風俗習慣。

二、守信：不論是工程或商品，要求品質第一，不可背

信違約，作出有損國譽的行為。

下午

三時，主持中央黨部工作會議。

四時三十分，接見陶百川、沈昌煥等。

3月3日　星期五
【無記載】

3月4日　星期六
上午

九時，至陽明山中山樓第一屆國民大會第六次會議會場，聽取國大代表對國是之檢討與建議，表示政府虛心接納。

3月5日　星期日
【無記載】

3月6日　星期一
下午

四時，接見日本前駐聯合國大使加瀨俊一夫婦。

四時三十分，接見美籍英國銀行家葛伯瑞斯等。

五時，接見連震東等。

3月7日　星期二
【無記載】

3月8日　星期三
上午

九時，參加國家安全會議。

會後，在中央黨部接見趙自齊、潘振球等。

中午

十二時，約李卓皓夫婦共進午餐，對其此次返國主持國際蛋白質生化會議之辛勞，予以慰問。

下午

五時，接見沙烏地阿拉伯都市鄉村事務部部長梅吉德親王。

3月9日　星期四
上午

九時，主持行政院院會，要求各行政機關，對於立法委員所提書面質詢，應迅速答復；對於立法委員所提之建議，應盡快做到，如的確無法做到者，亦應據實誠懇的列舉出做不到之原因。

十時三十分，接見美國駐華大使安克志。

下午

四時三十分，在行政院舉行五院院長會談。

3月10日　星期五
【無記載】

3 月 11 日　星期六
上午

九時，主持國防會談。

十時三十分，接見菲律賓保安軍司令羅慕斯少將。

3 月 12 日　星期日
上午

八時三十分，至介壽公園親植龍柏一株，紀念國父逝世暨植樹節。

九時，至臺灣大學法學院禮堂，弔唁唐君毅教授之喪。

3 月 13 日　星期一
【無記載】

3 月 14 日　星期二
今日以「永懷領袖」一書，分別寄贈全體國民大會代表。（另有「中華民國史畫」一書，日內另行贈寄。）

3 月 15 日　星期三
上午

九時，主持中常會。

3 月 16 日　星期四
上午

九時，主持行政院院會。

3月17日　星期五
上午

赴總統府。

中午

十二時，至陽明山中山樓，參加嚴總統款待國民大會代表之餐會，並致詞請各位代表先生支持督勉，如果當選，當以犧牲奉獻的赤忱，貢獻自己的智慧、力能和生命，與全國同胞同甘共苦，為民主與憲政而奮鬥。

3月18日至20日　星期六至一
【無記載】

3月21日　星期二
上午

九時，第一屆國民大會第六次會議，舉行第一次選舉大會，由王雲五先生擔任主席，選舉中華民國第六任總統。主席以一千一百八十四票高票當選（出席代表一千二百零四人，得票一千一百八十四張，得票率百分之九十八點三四）。

下午

二時三十分，第一屆國民大會第六次會議第一次選舉大會主席王雲五先生由國民大會秘書長郭澄陪同，至大直主席寓所，報告選舉結果。主席向其表示：以中華民國中國國民黨候選人的身分參加競選，今天承國民大會的

選舉，得以當選，並承推舉王雲五先生代表大會，示知
選舉結果，對全體代表先生的厚愛和支持，非常感謝；
並請王雲五先生代為轉達此一心意。

四時，偕夫人暨公子孝武，至慈湖總統蔣公陵寢謁祭。
隨後，赴國民大會第六次會議第一次選舉大會主席王雲
五先生寓所拜候，答謝其代表國民大會示告第六任總統
選舉結果。

3月22日　星期三

上午

八時四十五分，國防部部長高魁元、參謀總長宋長志代
表全體國軍官兵，至中央黨部向主席呈獻三軍官兵致敬
書，表達三軍袍澤對主席擁戴之赤忱。

主席於接受致敬書後表示：幾十年來與三軍官兵同生
死、共患難，一起流汗，一起流血，已建立起非常濃厚
的感情和關係。今後一定與以往一樣，和三軍官兵共同
奮鬥，奉獻一切和生命，以早日完成領袖交給我們的任
務，消滅共匪，光復大陸，將領袖陵寢早日奉安南京，
告慰領袖在天之靈。

九時，主持中常會，剴切提示：我們今天必須體認，這
不是一個足以祝賀的時候，因為大敵當前，國難當頭，
我們需要腳踏實地，埋頭苦幹，用自己的血汗，來完成
總裁遺留下來的使命。

中常會講話

剛剛聽了本會各工作單位的報告，瞭解海內海外和

大陸同胞，以及全黨同志對本黨所提第六任總統、副總統候選人的關切和支持，非常感謝。不過我們今天必須很冷靜、很堅定、很沉著，體認這不是一個足以祝賀的時候，因為大敵當前，國難當頭，我們須要腳踏實地，埋頭苦幹，用自己的血汗，來完成總裁遺留下來的使命，以慰國人的殷切期望。經國深知時艱任重，但由於各位先生、各位同志的支持，相信在大家一致努力之下，必能完成我們的任務。同時，也希望大家決不要存有任何虛矯的想法，更不可有任何僥倖的觀念，而要能面對一切艱難、困苦和險阻，作勇毅埋頭的奮鬥。

經國個人除血忱生命以外，再沒有甚麼可以貢獻給黨國的。昨天從慈湖謁陵回來，內心深覺惶恐不安，因為一天不能將領袖的靈柩奉安於南京紫金山，我們就一天不能安心。當然敵人共匪是會崩潰的，大陸亦是一定會光復的，但這還需要我們付出自己的血汗，希望大家矢志貢獻一切，加強團結，然後才能盡到我們的責任，達成我們的任務。

經國在當選之後，自覺除憲法規定的職責和國家規定的禮儀之外，個人的一切生活、行動、觀念等等，都仍然是一介平民。個人在黨、在國，一向是以一個黨員和一個平民而自居；而且始終就是以這種心情和至誠，來為革命事業奉獻一切。今日本黨在此舉行中央常會，這是一個黨的決策機構，相信我們必能一心一德，共體時艱，毋怠毋忽，努力奮鬥。

我們要走的道路還是很遠，在奮鬥的過程當中，任何挑戰和衝擊，困阨與艱險，都在所難免；但是我們有

總理的三民主義，有總裁的遺教遺囑，指引我們，策勵我們，我們自己也有最大的信心和決心，必能克服困難，達成任務。因此，我們今天絕不可有任何舖張，更不可有絲毫鬆懈！須知大家如在此時此地稍涉虛矯，敵人即可能乘機加緊發動陰謀，企圖對我們作更大的打擊。所以今天乃是一個新的艱苦奮鬥歷程的開始，我們必須加倍奮發，才能經得起任何考驗，朝反共復國的總目標勇往邁進！

3 月 23 日　星期四
上午

九時，主持行政院院會。

十時三十分，接見吳俊才等。

3 月 24 日　星期五
上午

十時，出席中樞紀念國父月會。

3 月 25 日　星期六
上午

九時三十分，第一屆國民大會第六次會議總統選舉大會主席王雲五先生，由國民大會秘書長郭澄陪同，至大直院長寓所，致送總統當選證書，院長在門口歡迎，並於接受當選證書後，發表談話：「經國和謝東閔先生，以中華民國第六任總統、副總統中國國民黨候選人的身份，參加競選，承國民大會選舉，得以當選，今天並承

國民大會致送當選證書。經國在敬謹接受當選證書之
時，茲以鄭重、嚴肅、堅定和感謝的態度表示，在和謝
東閔先生宣誓就職之後，謹當遵循憲法，貫徹國策，犧
牲奉獻，服務全民，為『實踐三民主義，光復大陸國
土，復興民族文化，堅守民主陣容』而全力奮鬥。」
十一時，至陽明山中山樓參加第一屆國民大會第六次會
議閉會典禮。

中午

十二時，應邀與全體國民大會代表會餐，舉杯祝福代表
們身體健康，中華民國國運昌隆；並表示，讓我們大家
精誠團結，心心相印，共同為國家努力奮鬥，創造光明
前途。

3月26日　星期日

【無記載】

3月27日　星期一

上午

十一時，接見沙烏地阿拉伯財政部次長涂爾吉。

中午

十二時，至中興山莊，與臺灣省黨部地方建設研討會出
席人員聚餐，勉勵全體同志，不計名利，貫注精誠，
將一切力量投入基層，將一切工作集中於為廣大民眾
服務。

3 月 28 日　星期二
上午

八時，在圓山飯店，以早餐款待美中經濟協會理事長大衛甘乃迪、常務理事卡特、秘書長莫偉禮、理事陳香梅等。

九時三十分，接見讀者文摘編輯芮德。

3 月 29 日　星期三
上午

十時，參加春祭。

3 月 30 日　星期四
上午

八時三十分，接見美國國會外圍組織友我人士菲力普等八人。

九時，主持行政院院會。

院會後，接見俞國華、孫運璿、費驊等。

十一時，接見中鋼公司總經理趙耀東。

今日以「中華民國史畫」及「永懷領袖」二書，分別寄贈立法委員暨監察委員。

3 月 31 日　星期五
【無記載】

4月1日　星期六
上午

八時三十分，接見韓國國會議員丁來赫、朴命根。

九時，主持國防會談。

4月2日　星期日
下午

三時三十分，至機場歡迎韓國國會議長丁一權訪華。

4月3日　星期一
上午

八時三十分，在圓山飯店，以早餐款待韓國國會議長丁一權。

中午

十二時，在圓山飯店，以午餐款待韓國國會議長丁一權等一行。

下午

三時，參加黨政關係談話會，說明新預算案編列原則，既不增加人民負擔，又不刺激物價上漲。新年度的歲出將儘量節省，歲入要切實掌握，並在穩定中求發展。

4月4日　星期二
下午

三時三十分，至機場歡迎新加坡總理李光耀夫婦來華。

4月5日　星期三

上午

十時，偕夫人等以總統蔣公家屬身分，參加中樞紀念總統蔣公逝世三週年大會，並以恭撰之「風木孝思」一書（彙集「守父靈一月記」、「梅台思親」、「領袖、慈父、嚴師」、「其介如石」四文），分贈與會人士。

下午

二時三十分起，由哥斯達黎加駐華大使桑傑士率領之一百五十餘位外賓致敬團，由丁一權議長率領之韓國國會議員致敬團，由日本自民黨資深眾議員灘尾弘吉率領之日本致敬團及美國前參議員鄺友良等外賓，先後至慈湖謁陵致敬，院長在旁一一答謝。

三時三十分，嚴總統率領中央五院院長至慈湖謁陵致敬。

4月6日　星期四

上午

八時三十分，接見旅美學人陳澤安（陳立夫先生之子）。

九時，主持行政院院會。

十時三十分，赴中央黨部。

下午

四時，在圓山飯店，約美國前參議員鄺友良夫婦茶敘。

五時，訪晤新加坡總理李光耀。

4月7日　星期五

上午

九時三十分，列席立法院會議，報告六十八年度中央政府總預算案編製經過，強調發展經濟，鞏固國防，改善民生，安定社會。

六十八年度施政計畫及中央政府總預算案編製經過報告

今天經國列席貴院院會報告六十八年度施政計畫及預算案所列歲入歲出預算編制的經過，深感榮幸。

六十八年度中央政府總預算案的籌編，是政府遷臺以來的第三十個年度總預算案。孔子說：「三十而立」，所以這個總預算案在時序上實有深長的意義，我們回顧第一個總預算案即三十九年度總預算執行結果，審定的決算總額僅為一十二億九千六百餘萬元，而債款及賒借收入達四億零九百餘萬元，佔了歲入總額百分之三一・六，幾乎與該年度稅課及專賣收入所佔比例百分之三二・六相當。今天提出的六十八年度中央政府總預算案，計為一千五百五十億八千二百萬元，其中稅課及專賣收入所佔比例為百分之七〇・二，屬於差短性質的建設公債收入僅佔百分之六・一，所以從三十個總預算的演變過程中，不難看出我們國家如何在危疑震撼中，一步步求安定、求鞏固，進而求進步、求發展、求茁壯的艱辛歷程。

說到六十八年度中央政府總預算案，這是依照施政方針及施政計畫所編製的。關於六十八年度政府施政方

針，本年一月間已送達貴院，行政院六十八年度施政計畫，亦已隨同總預算案送達，請各位委員先生一併參核。

政府的施政計畫及預算案的籌編，均有其繼續性與連貫性，六十八年度中央政府總預算是我們縝密衡量六十六及六十七年度預算的實際執行情形，加以確定的。六十六年度中央政府收支，依照審計部審計的決算，計產生了歲計賸餘五十七億三千二百餘萬元。我們檢討本（六十七）年度預算的執行，由於政府收支情況尚屬正常，總預算原列的建設公債四十八億元，可望不再發行。預計六十七年度預算的執行，仍將繼續達到平衡。

就經濟的角度觀察，去年是我們推行六年經建計劃的第二年，根據統計結果，經濟成長率達到百分之八‧〇八，而且物價尚保持平穩，這是在去年一年全世界經濟景氣仍未全面復甦，而國內連續遭受旱災、水災、和風災的損失情況下所獲致的成果，也是全體國人堅忍圖存，團結奮鬥而達到的成就，值得欣慰。

展望未來的一年，我們考量國內外政治經濟情勢，仍將是艱難的一年，需要我們秉持更大的信心，勇往直前的奮鬥，來克服一切的困難。在施政上，以在穩定中求發展為努力的基本方針；在預算處理上，仍以量入為出為原則。現在編定的六十八年度中央政府歲入歲出各為一千五百五十億八千一百六十八萬七千七百五十八元，兩相平衡，較六十七年度預算增加百分之一八‧〇，較上年度增加率百分之一八‧五稍低。各方面需求

甚大，而預算不能作較大幅度增加的原因，是歲入受經濟復甦緩慢影響，不能作較大幅度增加的緣故。關於歲出預算的核列，以國防外交支出佔首位。經濟建設及交通支出次之，社會福利支出又次之，教育科學文化支出居第四，一般政務支出居第五，省市補助支出居第六，與六十七年度預算分配的優先次序大致相同，與政府一貫的施政目標亦相符合。至於軍公教人員待遇調整所需經費，六十八年度編列八十三億五千八百萬元，約增加百分之二十左右，俾使軍公教人員生活能繼續獲得改善。

接著經國再將施政與預算的重點，進一步說明如下：

一、國防方面：下年度國防支出預算，佔總支出的比重仍是各類政事科目中最大者，這是我們必須把國防軍事建設，看作當前國家第一要政的緣故。關於國防力量的保持與精進，除了不斷加強三軍部隊的訓練與士氣，藉以提高無形戰力外；有形戰力的強化，主要在於三軍裝備及兵工生產朝向現代化及科學化的目標推進。為達成此一目標，關於軍事投資及國防科學研究經費所佔國防支出的比例，逐年均有提高，下年度有關充實軍事裝備及國防科學研究經費，佔國防支出預算的比重更為提高，這是我們為了貫徹推行國防自立政策，必須持續努力的方向。

二、教育科學文化方面：科學發展是我們求取進步的動力，也是帶動國家現代化建設及強化國防力量的必要條件，六十八年度仍將持續推進，共計編列有關科技

發展經費達三十六億三千八百萬元。教育的發展方面，除了充實大專院校研究實驗設備，俾增進高等教育品質外，當以配合經濟發展，加強職業教育，改進國民教育為重點；職業教育的加強，主要由省市地方政府編列預算辦理，國民教育的改進，除了省市政府編列預算辦理外，現所核計的中央總預算案內編列了補助款四億一千萬元，此外，今後我們不能只努力於經濟擴張的物質層面，還當重視與物質層面同樣重要的精神層面，這精神層面的提高，主要有賴於文化建設的加強。為此下年度除了列入十二項建設之一的每一縣市建立文化中心的計畫，初步先由臺灣省政府編列預算一億五千萬元辦理外，現所核計的中央政府總預算案，對於藝術教育的推廣，名勝古蹟的整理，國家文藝基金的擴增，中央圖書館的遷移擴建等，也都編列了必要的經費。

　　三、經濟建設及社會福利方面：十項重要建設將在下年度內相繼完成，六十八年度計需資金二百六十三億三千八百萬元，新的十二項建設計畫亦將從六十八年度開始規劃、設計或著手實施，估計需資金三百四十六億一千三百萬元。從十項建設到十二項建設，都是具有多目標，多效益的重要公共工程，其所需資金，都是我們為逐步走向開發國家必須投入的資源。六十八年度十項及十二項建設共需資金六百零九億五千一百萬元，大體上均已作了妥切的安排，凡需由中央及地方政府列入預算辦理的事項，均已詳實核計列入了預算。此外，我們固然為了改進經濟結構，今後必須賡續朝著重化工業，與精密工業發展，但對農業的

發展以及農民所得的提高，我們絕不忽視。工業與農業、都市與農村的共同發展，要彼此相輔相成，不能偏廢。為此，下半年度中央總預算內，我們繼續編列了有關加速農村的建設，都市交通及環境的整建，國宅計劃的推行，衛生保健社會福利等必需的經費，所有這些經費的編列，都是直接、間接促使經濟發展及社會進步所必需。

　　以上是關於六十八年度中央政府歲出預算配合施政重點編列的概括說明，現在再就歲入預算的編列情形，簡單的說明一下。六十八年度稅課收入，均以現有的稅目稅率水準為基礎，並參酌近年各稅增長情形及相關因素而編列的。現編總預算案歲入總額中，稅課及專賣收入計列一千零八十八億七千萬元，經國在前面已經說到佔稅入總額百分之七零‧二，其比例較六十七年度的百分之七一‧零略低，其增加率為百分之一六‧七，亦較預算總增加率為低，這是因為政府衡酌經濟情況及政策性減稅、免稅以及獎勵投資等因素，以致無法作更大幅度的增加。但直接稅所佔經常收入的比重百分之一九‧七，較六十七年度所佔百分之一七‧一則稍見提高。關於非稅課收入，亦均分別詳確考量核實編列。至於總預算案擬議發行建設公債九十五億元，移用以前年度歲計賸餘九十五億七千五百萬元，合共一百九十億七千五百萬元，佔歲入總額百分之一二‧三，雖較六十七年度這兩項收入所佔比例百分之八‧五為多，但就六十八年度中央政府的資本支出四百六十三億七千二百萬元來衡量，這樣的安排仍是非

常妥慎而穩健的。

　　最後，再將隨同總預算案附送貴院審議的三個法案要點說明如下：

　　其一、為六十八年度中央政府總預算案附屬單位預算及綜計表，包括營業及非營業部分。這兩類預算對於政府努力經濟、社會及文化建設都有非常密切的關係。六十八年度國營事業為配合六年經建計畫，以繼續興建核能及火力電廠，加強油氣探勘，擴建煉鋼、造船計畫，進行重機械製造，發展重化工業，提高銀行及郵電服務效能，共編列了固定資產投資八百八十七億九千萬元。非營業循環基金主要為配合經濟發展及交通建設，增進社會福利及衛生設施，暨發揚歷史文化等編列了固定資產投資，收購糧食及貸放資金一百四十一億九千四百萬元，以上投資合共一千零二十八億八千四百萬元。其資金來源，屬於由國庫以增資或增加基金方式撥補者計一百五十九億四千八百萬元，屬於國內外借款者五百七十八億八千五百萬元；屬於以折舊、公積、作業賸餘等支應者二百九十億五千一百萬元。

　　其二、為六十八年度中央政府總預算施行條例草案，這是參照六十七年度總預算施行條例酌予修訂而提出的法案。經國剛才已經說明六十八年度預算規模較前擴大，歲入預算中公債收入及移用以前年度歲計賸餘數額所佔預算總額的比例，亦較上年度為高。為了使歲出預算的分配執行，與國庫調度適切配合，所以酌予修訂，以應需要。

其三、為中央政府興建臺灣區南北高速公路第二期工程特別預算第二次追加預算案，此一追加預算案編列了建設公債收入及債務還本支出各四十一億元，兩相平衡。各位知道，基隆至鳳山段高速公路，照原計畫將於六十八會計年度興建完成，其原已完成立法程序的四期特別預算，亦將屆時辦理決算，惟因第二期特別預算內所列建設公債收入的一部分四十一億元，依照原訂財務計畫，係分七年償還，財政部於六十五會計年度內實際發行時，鑒於當時市場資金狀況，為使債券順利發行，並減輕國庫利息負擔起見，乃縮短償還期限，改為三年期滿一次還清，至六十八年度全部到期，須履行還本，而原特別預算無法容納，故須辦理追加支應，同時仍照原財務計畫，發行建設公債，以為償付的財源。

綜上各節報告，是經國對於六十八年度中央政府總預算案及各項連帶法案的重點說明，其詳細內容及編製經過，當由主計長及財政部長分別報告。尚請各位委員先生多多支持。謝謝各位。

4月8日　星期六

上午

十時二十分，在國軍退除役官兵輔導會六十七年輔導會議揭幕中致詞，嘉許榮民對國家社會的卓越貢獻，並勉勵繼續努力，寫下更大更光榮的史頁。

十一時，參觀第四屆臺灣機械展售會。

下午

六時，在臺北賓館，以茶會款待來華參加輔導會議之各
國退伍軍人領袖。

七時，在臺北賓館，以晚餐款待新加坡總理李光耀夫
婦等。

4 月 9 日　星期日

下午

三時十五分，至機場歡送新加坡總理李光耀夫婦離華。

4 月 10 日　星期一

上午

八時，飛赴東部，巡視臺東、花蓮兩縣，參觀地方建
設，探視榮民弟兄，並深入山地慰問山胞，瞭解其
生活。

4 月 11 日　星期二

下午

四時，至經濟建設委員會，聽取六十七年第一季國內外
經濟情勢報告，提示：

本年首季經濟情況，已顯著改善，應有效把握在穩定的
情況下，努力達成今年的經濟成長目標。

4 月 12 日　星期三

上午

九時，主持中常會。

4月13日　星期四

上午

九時，主持行政院院會，提示：

一、教育部應更加注重提高師資，充實教學設備，改
　　善讀書研究環境，加強學生學業及生活輔導，培養
　　其愛國精神及優良品德，使大專學生在接受良好教
　　育，通過畢業考試之後，能成為國家的有用之才。

二、經濟部主管部門，應重視及協助國內機械工業發
　　展，以擴大外銷。

十時，接見俞國華、孫運璿、易勁秋等。

十一時，接見韓國法務部長官李善中。

4月14日　星期五

【無記載】

4月15日　星期六

上午

蒞臨馬祖前線，先後訪問營房、學校、市場、民宅，並
巡視馬祖水壩工程及鄉公所等機關。

中午

與馬祖地方軍政幹部聚餐，勉勵大家精誠團結，積極奮
發，創造反共復國勝利成功的機勢和戰力。

4月16日至17日　星期日至一

【無記載】

4 月 18 日　星期二

上午

八時三十分，抵桃園縣訪問，先後至桃園、大園、觀
音、楊梅、新屋、中壢等鄉鎮市，查看秧田，訪問農
家，參觀工廠和工業區，並探慰國際兒童村村童。

4 月 19 日　星期三

上午

九時，主持中常會。

常會後，接見蕭天讚、連戰。

4 月 20 日　星期四

上午

九時，主持行政院院會。

十時三十分，接見前美援公署署長白蘭德夫婦。

下午

四時，接見印尼副統帥蘇道摩上將。

四時三十分，接見尹俊等。

4 月 21 日　星期五

上午

八時，在圓山飯店約美國前加州州長雷根，共進早餐。

十時二十分，至臺中、彰化及雲林等地巡視高速公路施
工情形，慰問施工人員之辛勞，對中沙大橋工程進行順
利，表示滿意。

下午

二時三十分，巡視嘉義縣政府，並至陳故縣長嘉雄住
宅，慰問其遺屬。

四時，巡視臺南縣政府，垂詢地方建設情形。

4月22日　星期六

上午

八時，約高雄市市長王玉雲、臺南市市長蘇南成、高雄
縣縣長黃友仁、屏東縣縣長柯文福等，在高雄圓山飯
店共進早餐，垂詢縣、市政建設，並勉勵努力為地方
服務。

九時起，先後巡視新建之高屏大橋及竹田鄉、潮州鎮、
水底寮、楓港、恆春等地。

下午

一時，巡視恆春臺電核能三廠建廠工程，並訪問後壁湖
漁民住宅。

4月23日　星期日

上午

九時〇五分，訪問恆春鎮鎮長龔新通，因明日為院長
壽辰，龔鎮長夫婦在寓所以椰子水代酒，祝賀院長生
日快樂。

九時十五分，巡視恆春菜市場，與菜販及主婦等歡談。

九時四十分，離恆春返北。

4 月 24 日　星期一　院長華誕

上午

九時，赴慈湖總統蔣公陵寢謁祭，感謝親恩。

4 月 25 日　星期二

【無記載】

4 月 26 日　星期三

上午

九時，主持中常會。

十一時，至實踐堂參加監察院于故院長右任先生百齡誕辰紀念大會。

4 月 27 日　星期四

上午

八時三十分，主持行政院慶生會及抽獎。

九時，主持行政院院會。

院會後，接見胡旭光、孫運璿、沈昌煥、高魁元、丁懋時等。

4 月 28 日　星期五

上午

十時，出席中樞紀念國父月會。

下午

四時，在七海新村觀賞電影「永恆的愛」。

八時，接見張寶樹、費驊、張繼正等。

4月29日　星期六
上午
十時，接見沈昌煥、宋長志、宋時選等。
十一時三十分，接見哥斯達黎加總統當選人之子卡拉索。

4月30日　星期日
上午
至嘉雲地區訪問民眾；並至雲林縣四湖鄉三條崙，參觀中油公司在上週探勘成功之臺西一號油井，慰問施工人員之辛勞。

下午
巡視彰化縣政府，詢問有關農作生長灌溉情形。

5月1日　星期一
下午

八時，接見孫運璿。

5月2日　星期二
上午

十時，接見沈昌煥、林洋港、王任遠、蔣彥士、張繼正等。

下午

五時，接見韓國財務部長官金龍煥。

5月3日　星期三
上午

九時，主持中常會。

常會後，會晤嚴總統。

5月4日　星期四
上午

八時三十分，主持行政院所屬各部、會、處、局、署暨省、市政府六十六年研究發展特優報告綜合評獎頒獎典禮，並期勉績優人員加強研究工作，切實配合國家建設。

九時，主持行政院院會，表示：行政院將於兩週後向總統提出總辭，回顧在六年任職期間，全國上下給予行政院的支持，由衷的感謝；對立法、監察兩院給予行政院

的合作與指教，使行政院在處理重大問題上深獲助益，
尤應表達誠摯的謝意。並提示交通部，應積極謀求高速
公路的行車安全，改進高速公路的管理。

十時三十分，接見法國社會民主行動黨黨魁賈雅凡等
二人。

下午
三時，主持中央黨部工作會議。
四時五十分，接見法國巴黎競賽週刊記者加羅伐洛。
五時，接見加拿大記者孟羅。

5月5日　星期五
上午
十時四十分，訪晤何敬之先生於其牯嶺街寓所。

下午
五時，在七海新村接見參謀總長宋長志。

5月6日　星期六
中午
蒞臨金門，先後至營房、機關、市場、民宅等處訪問，
對防衛堅強及官兵戍守辛勞，表示十分佩慰。

5月7日　星期日
晨
與金門防區軍政幹部共進早餐，勉勵以革命尖兵自勵，

精誠團結，為反共復國大業而全力奮鬥。

上午
繼續在金門訪問，並巡視復興嶼。

中午
飛抵澎湖馬公。

晚
登艦赴烏坵。

5月8日　星期一
上午
先後巡視大坵、小坵之營房、碉堡與學校，並慰問當地軍民同胞。

下午
四時三十分，返抵馬公，旋乘機返北。

5月9日　星期二
上午
十時，至三軍軍官俱樂部參加張羣先生九秩壽辰茶會。

下午
四時二十分，接見外交部部長沈昌煥。

5月10日　星期三
上午

九時，主持中常會。

5月11日　星期四
上午

八時四十分，接見新任侍從武官顧崇廉、丁滇濱。

九時，主持行政院院會。副院長徐慶鐘、各部會首長及
政務委員，聯名簽呈向院長提出總辭。

院會後，與各部會首長、政務委員及臺灣省政府主席、
臺北市市長等合影留念。

十時三十分，接見黎玉璽。

十時四十分，接見馮啟聰。

下午

五時，接見蔣彥士。

五時三十分，接見谷正綱。

晚

八時，在七海新村接見孫運璿。

5月12日　星期五
上午

九時，接見美國前農業部部長、現任耶穌基督末世聖徒
教會十二使徒議會會長班森夫婦。

5 月 13 日　星期六
上午
十一時，接見臺灣警備總司令鄭為元。

5 月 14 日　星期日
【無記載】

5 月 15 日　星期一
下午
六時，訪晤余井塘先生。
六時五十分，參加巴拉圭國慶酒會。

5 月 16 日　星期二
上午
九時，在行政院接待嚴總統。
九時三十分，接見中鋼公司董事長馬紀壯。
十時，聽取宣誓就職典禮節目簡報。
十一時三十分，接見戴安國。

下午
五時三十五分，接見輔導會主任委員趙聚鈺。

5 月 17 日　星期三
上午
八時三十分，在中央黨部晤見倪文亞。
九時，主持中常會，由常會通過院長及臺灣省政府主席

謝東閔之辭職，並分別核定代理人選。

常會後，接見謝東閔。

下午

五時三十分，接見行政院研究發展考核委員會主任委員
魏鏞。

5月18日　星期四

上午

九時，主持行政院院會，勉勵全體行政同仁，協力挽救
國家危局，妥善幫助基地同胞，樂觀進取，以完成國民
革命之全程。

今日正式向嚴總統提出辭呈，並轉呈行政院副院長，各
部會首長及不管部會政務委員等之聯名辭呈。

下午

四時，在行政院大禮堂，以茶會款待全院同仁，期勉繼
續努力，更求進步。

行政院院會講話

　　今天是經國在行政院主持的最後一次院會，內心有
著沉重和愧疚的感覺。回想過去六年之中，經國本人和
行政院的全體同仁朝夕相互共勉的，即是在此國家處境
極為艱苦險惡的時刻，我們應當協力同心、竭盡智忠、
共為達成復國建國的任務而奉獻一切。也可以說，在此
六年時間中，日日夜夜盤旋在我腦中、時時刻刻所思想

的只有二事：一是如何挽救國家的危局，使我中華民國
能在艱危之中得以復興，以不負大陸同胞及海外僑胞之
殷切期望；二是如何妥善幫助復興基地全體同胞，使家
家戶戶能夠安居樂業，過著自由平安的生活。不過現在
想來，經國本人對自己的良心，實在感到懷有很大的虧
欠，因為許多事情應該多做而做得不夠，應該做好而做
得不盡理想。好在來日方長，我們當以更大決心，更努
力、更奮發，來補救過去的缺點和不足。

　　記得經國在六十一年六月就任行政院長以後的第一
次院會上，為了要使行政人員在民眾的心目中重建一個
新的觀感，而受到民眾的尊敬、信任和重視，所以對各
機關的公務處理及行政人員的工作態度與生活言行提
出了十項革新要求，希望藉此促進全體行政人員改變氣
質，提振精神，人人能夠各就其位，各盡其責，以誠懇
的態度來待人，用積極的方法來辦事；尤望所有公教同
仁，都能清廉自持，潔身自愛，以期培養一種清新的革
命風氣，從而展開壯闊的中興氣象。經國認為，純淨的
政治風氣繫於各級行政人員健全的生活行為，而此又為
優良社會風氣的指標，所以行政人員有責任轉移不良社
會風氣，斷不可被不良社會風氣所污染。對於行政效能
的提高，尤須徹底摒棄形式的表面應付，而要發自內心
的改造，也就是要心心念念以國家利益、民眾福祉為
意，恪盡職責，實事求是，為建設國家，造福社會，真
正獻出智慧、熱忱與心力。至望全體行政同仁今後在新
院長的領導之下，再求精進，共為確立廉能政治的永基
而努力。我們深信，行政人員清高的品德、儉樸的生活

和誠摯的言行，乃是使得民眾對於政府產生信心與向心的根本，因之，我們真是要切實的檢討和反省，唯有從不斷檢討中才能開展出新的事業，唯有從時時反省中才能孕育出新的生命！

當前國家處境，大家都知道十分艱難困苦，不過對一個有決心、有毅力、有勇氣的人來說，在他的字典中沒有「做不到」的字彙。過去二十多年中我們遭遇無數驚濤駭浪而能益發堅強穩固，所憑藉的就是全體國民為貫徹復國建國大目標的決心、毅力和勇氣。未來歲月不會比前平靜，前面道路也可能更為崎嶇，愈接近最後勝利的終點，愈需要發揮我們最大的堅忍。因之，在此決定性的關鍵時刻，必賴我們全體國人的繼續奮鬥不懈，自強不息。而最重要、也最需要的，是國人精誠一致的堅強團結，要嚴防敵人任何離間分化的陰謀，粉碎敵人任何滲透顛覆的詭計，切勿相互猜忌。抵消自己力量。尤其希望知識份子，能以冷靜的頭腦，清醒的理智，加上愛國的熱忱，根據學識，判斷情勢，研析事理，來辨明大是大非，在國家社會產生正確的影響，讓大家走正當的大道，奮勇向前，衝破一切難關，我們確知，團結就是力量，有力量才能創造成果，克服困難，打敗敵人。而團結必須建基於互信、互諒、互助之上，所以大家都應站在反共復國的同一立場，開誠布公，肝膽相照，不自私、不衝動、不依賴，齊心一德，穩紮穩打，和衷共濟，為達成我們共同使命而協力奮鬥。

至於我們面臨的國際形勢，誠然極為錯綜複雜，但我還是保持六年前所說的，我們可以不必將它看得太複

雜，因為，對世界來講，今天只有一個衝突、一個任務、一個結果。這唯一的衝突就是民主自由與極權奴役的衝突，唯一的任務就是維護人類尊嚴與世界和平，唯一的結果就是正義戰勝邪惡。對我中華民國來講，今天更是只有一個衝突、一個任務、一個結果。這唯一的衝突就是我們三民主義仁政與共匪暴政的衝突，唯一的任務就是消滅共匪，光復大陸，唯一的結果就是以仁制暴、國民革命勝利成功。這是我們的基本看法，也是在這複雜環境中所能走的唯一生路，同時也就是恪遵總統蔣公遺訓「實踐三民主義、光復大陸國土、復興民族文化、堅守民主陣容」的光明之路，深望全體行政同仁，邁開健實的腳步，激揚不屈的意志，樂觀進取，畢此全程。

經國於離開本院前夕，願與全體同仁共策共勉，今後仍本以往「為國效命，為民服務」的同一職志，繼續作志同道合的反共鬥士，朝著同一目標，一起迎接反共聖戰的最後勝利。

5月19日　星期五

上午

八時三十分，至行政院辦公，旋赴中央黨部。

下午

三時三十分，就任第六任總統致詞錄音。

四時三十分，巡視行政院各單位，向員工辭行，歷時一小時許，始在全體員工歡送掌聲中離去。

院長辦公室同仁名單

行政院顧問兼辦公室主任	周應龍	
行政院秘書	宋楚瑜	
行政院秘書	邱啟明	
行政院秘書	盧霈	
警政署警官二隊辦事員	李德信	
總統府警衛隊上士	翁炳舜	
函件小組　行政院參議	劉銓	
專門委員	張永霖	
專員	湯福敦	
政戰中校	李家慶	
本室前任主任	宋時選　周靈鈞　周菊村	
	于振宇　葉昌桐	

5月20日　星期六

中華民國第六任總統副總統就職典禮，九時正在臺北市
國父紀念館隆重舉行，大法官會議主席、司法院院長戴
炎輝監誓。

公於宣誓就任總統後，並致詞昭示國人今天復國建國之
行動方向，就是要充實國家力量，增進國民生活，擴大
憲政功能，建立廉能政治，以實踐三民主義，光復大陸
國土。

上午

十時，抵總統府。

任命蔣彥士為總統府秘書長、馮啟聰為參軍長。

十時二十分，在總統府接受文武官員觀賀。

十一時，接受外交使節觀賀。

十一時四十五分，接見本府正副主管。

下午

三時，主持臨時中常會，通過主席以第六任總統身分提名孫運璿為行政院院長。隨後依據憲法第五十五條第一項之規定咨請立法院同意。

下午

四時三十分，在府內接見外賓四批：韓國總統之私人代表金弘一等三人；美國新罕布什爾州州長陶姆森及加州參議員李察遜；日本前首相岸信介、前眾議院議長石井光次郎等十四人；菲律賓前駐華大使羅慕斯等五人。

就職文告

親愛的全國同胞：

　　國民大會受國民付託，依據憲法，選舉經國為中華民國第六任總統，今天經國和謝東閔副總統宣誓就職，承受了這一重責大任，自必謹記誓言，遵守憲法，盡忠職務，增進人民福利，保衛國家，無負國民付託。

　　八十多年以前，國父以大智大仁大勇的精神，領導救國救民的大業，雖然十一次舉義，十次失敗，但是三民主義國民革命順天應人的行動，終於開啟了我們民族復興的生機，建立了亞洲第一個民主共和的國家。總統蔣公繼承國父遺志，獻身革命，一生確信，「中國人

要能救國自救，則唯一的主義是三民主義，唯一的革命是國民革命」，我們全國同胞就始終是以三民主義為行動主導，而一齊提供了心與力、血與汗的貢獻，完成了一個階段又一個階段國民革命的任務。今天反共復國大業，就更是三民主義國民革命道統法統的堅持、民族精神的激揚、革命行動的延續和貫徹。

在國民革命脈絡一貫的今天，我們又面臨了新的時代和環境的嚴格考驗，面臨了榮或辱、自由或奴役的強烈戰鬥，但是我們奮鬥的決心卻更加堅強，我們必然勝利成功的信念也更加堅定，然而我們還必須清清楚楚的認識：

——現在的時代，不是個人主義的時代，而是要人人貢獻智慧能力，人人同享幸福成果的時代；

——革命救國的壯舉，不是用鮮花紮成的牌樓，而是用血汗凝聚的長城；

——應當把道義真理放在一切之上，應當把公眾的利益放在小我之前，應當有一個共同的行動方向，把一切觀念和作為，建立在對國家、對民族、對同胞血肉相連的責任感上面。

今天我們復國建國共同的行動方向，就是要充實國家力量、增進國民生活、擴大憲政功能、確立廉能政治，以實踐三民主義，光復大陸國土。更清楚些說：

第一是我們要積極充實國家力量——國力是復國建國的基礎。今天我們不止是要在經濟建設、國防建設上紮根，更要在政治建設、社會建設、文化建設上著力，爭取每一分鐘的時光，珍惜每一分的物力，集結每一個

人的智能，發揮所有經濟的、國防的有形戰力，和政治的、社會的、文化的無形活力，成為萬眾一心堅強精實的總體力量。

第二是我們要不斷增進國民生活——我們復興基地的經濟發展，已經造成了國民所得的提高，財富差距的縮短，就業機會的增加，這是民生主義的具體實踐，是同胞們發揮旺盛的創造精神和進取心，共同艱苦奮鬥的輝煌成就。但是經濟發展，一方面是要提高國民生活的水準，另一方面還要厚植復國建國的力量，今天我們必須有計劃的使資源的運用、經濟的成長、物價的穩定、生活的改善，得到安定、公平、自由的均衡，使我們雖在國際經濟的競爭和衝擊之下，仍能繼續推進經濟建設，增加國民經濟福祉。

第三是我們要致力於擴大憲政功能——民主自由是中國政治的道路，憲政是貫徹民主自由的根本，中國軍民用血汗犧牲的代價，創造了憲政的光輝。這一光輝絕不容許污損，這一根本絕不容許動搖。並且還要擴大政治參與，維護自由人權，使民主自由的基礎，建築在全民意志、國家利益之上，建築在道德理性、法律尊嚴之上，建築在和衷共濟、精誠團結之上。

第四是我們要全面的確立廉能政治——參與國事，人人有份，人人有責，但要使每一個人的智慧、能力、德性，都能貢獻於國家社會，尤其要以公平公正的原則，多方面多目標的培植人才、獎進人才；同時加強社會教育，來改良社會習俗；以持續的行政革新，來激揚優良政風，使政治建設的廉與能的功效，相輔相成，樹

立一個誠摯純潔的開放性社會和典型的民主政治。

以上的行動和建設，就是當前實踐三民主義的根本之圖。我們復興基地一切建設，已經證實了只有三民主義才能救國自救的真理和事實。並且更加明顯的和大陸共匪政權，形成了仁愛和暴力、幸福和痛苦、光明和黑暗、大是和大非的強烈對比。因此我們對於在水深火熱之中痛苦掙扎的大陸同胞更加懷念，我們大家必須集中意志，集中力量，加速光復大陸國土、解救大陸同胞的行動。

十分肯定而明白，中華民國堅守民主陣容，堅持反共立場，是絕對不會改變的，和共匪敵人是絕不談判、絕不妥協的，而我們對於國際政治的基本政策和態度，是要在反共復國的前提之下，加強對自由國家友好的道義的關係，全力盡我一切義務責任。而中美關係的加強，更是我們一貫的政策和原則。我們深知——中國之利，即美國之利，中國之害，即美國之害，中美關係，合則同受其利，分則同蒙其害；

國際間任何寄望把共匪看作為「制衡」的一面，把共匪看作為「戰略均勢」的一方，藉「搭橋」「談判」來緩和共匪擴張的種種想法，便將使自由國家自困於前門拒虎、後門進狼、腹背受敵的泥淖陷阱之中！

我們深信，自由國家必能計長遠之利，籌長遠之策，以實力來遏阻侵略，以道德的勇氣，來謀求世界真正的和平、安定與繁榮。

總統蔣公逝世，已屆三年，三年以來，我們由於有著基本國策的方向導引，有著嚴前總統的英明領導，有

著海內外全體同胞的精誠團結、自立自強，終於能夠
衝破橫逆，共濟艱難，這就證實了只要我們團結再團
結，奮鬥再奮鬥，就必能擋得住任何風浪，經得起任
何考驗。

　　經國服務公職以來，無時無刻不是以民族大義、革
命責任和國家榮譽，作為自己效命致力的目標和志事，
經國此後在全國同胞的信任和督策之下，必當奮我精
誠，竭我智能，相隨全國同胞，以堅忍剛毅來面對一切
現實戰鬥，以慎謀能斷來實現國家建設目標，以犧牲奉
獻、效忠服務，來和全國同胞共同創造復國建國大業最
後的勝利成功！

5 月 21 日　星期日
上午

九時，率同文武官員至圓山忠烈祠遙祭國父。

十一時，與謝副總統率同五院院長至慈湖恭謁先總統蔣
公陵寢。

下午

三時，在陽明山中山樓舉行茶會款待海外回國僑胞第一
次梯次五千餘人。曾為僑胞們指出海內外一條心，就是
中華民國復興強盛的信念與保證。

5 月 22 日　星期一
下午

三時，在陽明山中山樓舉行茶會款待回國僑胞第二批

五千人。向僑胞保證盡心盡力，為國為民，光復大陸，
奮鬥到底。

四時，赴角板山。

5月23日　星期二

上午

八時三十分，巡視桃園縣復興鄉公所、復興山莊與介壽
國民中學。

5月24日　星期三

上午

八時三十分，在中央黨部接見日本產經新聞社社長鹿內
信隆。

九時，主持中常會。

常會後，召見中央銀行總裁俞國華。

下午

五時三十分，在三軍軍官俱樂部主持黨籍立委餐會，對
立委同志每遇重大問題所表現之公忠體國精神，深致讚
佩。並鄭重推介行政院長繼任人選孫運璿，籲請立委們
全力支持。

5月25日　星期四

上午

九時，召見陸軍總司令馬安瀾等。

十一時，接見薩爾瓦多國防部部長賈斯蒂友夫婦。

5 月 26 日　星期五
上午

九時，召見空軍總司令烏鉞及余伯泉。

十一時，接見國際青年商會亞洲大會各國代表。

十一時三十分，接見葉資政公超。

今日明令特任孫運璿為行政院院長。

5 月 27 日　星期六

今日在本府見客多人。

5 月 28 日　星期日
上午

八時三十分後，至佛光山，參觀大雄寶殿。

十時，蒞臨六龜山地孤兒院，慰問院童，參觀其生活環境並合影留念。

中午

轉抵美濃鎮菜市場，訪問民眾。

下午

五時，在大直寓所接見孫運璿及中央黨部秘書長張寶樹。

今日各報批露總統最近在臺北接見讀者文摘編輯大衛‧瑞德（David Reed），論及我國今日在世界上的特別地位和未來的展望。

讀者文摘訪問

問：總統先生，中華民國所受的重大打擊，比大多數
　　國家為多——大陸淪陷、退出聯合國以及政治孤立
　　等，可是貴國目前在經濟上正欣欣向榮，請問這是
　　怎樣辦到的？

答：我們所以能在艱苦中發展，是因為我們從未放棄我
　　們的政治目標，即推翻大陸上的共黨政權，建立一
　　個統一民主的中國。

　　幸運的是我們內部極為團結，政府與民眾休戚相
　　關，共同奮鬥。自從中央政府播遷臺灣後，我們已
　　把經濟從零發展到今天的規模，這使我們的政治得
　　以安定，但這種安定有賴於強大的國防。我們政府
　　的預算約有百分之四十多一點用於國防。

問：在大陸上，你們在軍事、財政及其他方面都比共黨
　　為強，為什麼反而被他們擊敗？

答：這是我常被問到的一個問題。中華民國於一九一一
　　年立國以迄一九四九年，尤其是抗戰期間，我們無
　　暇注意到內政問題，因而共黨得以利用滲透及無形
　　的力量竊據大陸，迫使我們撤守。

　　這是我們所未忘記的教訓：絕不能允許共黨在軍
　　隊、經濟、學校和社會等各方面活動。三十八年政
　　府播遷臺灣時，臺北附近就有共黨游擊隊基地，例
　　如鐵路局內就有共黨組織，軍隊和工廠裡也有他們
　　的秘密組織。他們的活動均由大陸上中共的特務組
　　織操縱。花了三年的時間，我們才慢慢把這些共黨
　　活動瓦解。

問：有人說中華民國所面對的真正威脅是共黨間諜滲透
　　到這裡來煽動暴亂。您是否也有同樣顧慮？

答：我們很注意這個問題。尤其是最近一年共產黨在大
　　陸上成立了一個對臺工作小組負責對臺灣的滲透，
　　我們已經發現了好幾次中共間諜的活動，我們很注
　　意這件事，我們也有能力來對付這個問題。

問：另外也有人認為對中華民國最大的威脅不是武力進
　　犯或間諜滲透而是緩慢的經濟窒息。中華民國有沒
　　有因為政治孤立而引起經濟上的困難？

答：沒有外交關係當然會影響到我們的經濟。然而中華
　　民國現在仍然和世界上一百二十多個國家及地區保
　　持貿易關係，去年我們的貿易額將近二百億美元。
　　除開共黨國家，我們願意和所有其他國家繼續擴大
　　貿易。

問：卡特總統於本年三月八日曾致函中共「總理」華國
　　鋒，說明美國「承諾在上海公報的基礎上與中華人
　　民共和國關係正常化」。根據該公報，美國與共黨
　　政權議定關於正常化不但有利於雙方人民而且能促
　　使亞洲及全世界的緊張局面趨於緩和。倘若這種情
　　形發生，您認為中華民國能不能繼續繁榮，事實上
　　能不能繼續生存？

答：中華民國從不承認由尼克森與周恩來新簽署的所謂
　　的上海公報是有效的法律文件。至於我們自己的生
　　存問題，我總是說，美國應當考慮到我們同美國的
　　利益是不可分的，合則兩利，分則兩害。在任何情
　　況下，中華民國均將繼續奮鬥下去。

問：有人建議美國在對中華民國關係方面採取「日本方
　　式」──中止外交關係但保持強大貿易關係。您的
　　看法怎樣？

答：我們不能接受這種想法。美國和日本與我們間的關
　　係全然不同。中華民國和美國有多年正式而友好的
　　關係，我們曾比肩作戰打敗日本侵略。同時，中美
　　兩國現有曾經美國參院通過的共同防禦條約，它有
　　法律上的地位。

問：請問何時光復大陸？

答：這是時間問題，何時完成則很難講。不過我們會在
　　適當的時候光復大陸。在我看來，共黨政權在兩種
　　情形下會垮台。一是大陸上的人民起來抗暴，二是
　　共黨政權本身內部分裂。我們不但要把握這兩個因
　　素，還要創造時機。

問：在您看來，華國鋒可會促進一種比毛澤東較為人道
　　的共產主義嗎？

答：絕不可能。中共政權對人民的壓迫一定會越來越厲
　　害，不然的話，人民馬上就會起來反抗。壓迫越厲
　　害，人民的抗力也越大。

問：中華民國政府在可以預見的將來會不會跟中共政
　　權舉行談判以緩和緊張局面或尋求一種和平解決的
　　方案？

答：這是絕不可能的。與共黨談判無異自殺。可以看看
　　歷來自由世界和共產國家談判有那一次是成功的？
　　談判是共產國家用來打敗敵人的一種手段。我們不
　　會忘記過去上當的經驗，因為在大陸時我們也曾同

中共談判過，結果多談一次便多失敗一次。因此，即使在最困難的情況下，我們也不會再和中共談判。這是中華民國最基本的國策。

問：最近，華府當局公布了一項有關人權的報告，指出所謂違犯人權的情事在中華民國業已減少，但「繼續發生」。您認為這項報告是否正確？

答：中華民國政府和大陸上共黨政權的根本區別就在於我們確實保障人權。尊重人權是我國政府充分支持的道德原則，也是我們反共鬥爭重要的一面。但如有人為中共工作，觸犯我們保障人權和人民自由的反共政策，那就另當別論了。

問：剛才談到中華民國驚人的經濟發展。您能不能談一談對未來若干年的構想？

答：我們要絕對控制預算，不要有收支不平衡的赤字。政府也必須要控制物價以避免通貨膨脹，使經濟能夠安定。和其他國家相比較，我們不是發展最快的，但算得上是最穩定的。

到明年年底，十大建設將大抵完成，接下去就是十二項建設。包括經濟建設、運輸和文化建設。同時最重要的如何有效地利用土地和水資源，並使農業機械化。工業方面，今後我們將從勞力集中的工業轉變到發展較為精密的工業，這樣我們就可以改進外銷產品的品質，使能有更好的機會和其他國家競爭。這樣才會使我們人民的生活水準慢慢提高，幫助他們一年比一年好。

問：您為何決定競選總統而不再繼續擔任行政院長？

答：我是執政的國民黨黨員，黨徵召我擔任總統候選
　　人，我便同意了。

問：有人認為遴選謝東閔先生為副總統是為了迎合臺灣
　　省籍公民的政治願望。果真如此，是否會有更多的
　　臺灣省籍的人擔任要職？

答：我提名謝東閔先生競選副總統時，從沒去想他的籍
　　貫，我只知道他是中國人。事實上，在臺灣的都是
　　中國人，誠如謝先生所說，我們都是中國人，只不
　　過有些人來得早，有些人來得晚一點而已。

5月29日　星期一

上午

九時，主持臨時中央常務委員會議，通過主席提議行政
院長孫運璿同志簽報之有關行政院副院長、政務委員、
部會首長以及臺省府主席及臺北市長等人選案。主席對
人事案作說明時，曾期勉孫院長依據國策，開拓新局，
並期望大家要以眾志成城的精神，克服一切困難，貫徹
既定國策。

會後，在黨部接見翁德賴（金門人）、胡一貫、陳良先
生等。

十時三十分，在本府接見安克志大使。

今日，總統明令任命行政院各部會之新任首長。

副院長	徐慶鐘
政務委員	俞國華　李國鼎
	高玉樹　陳奇祿
	張豐緒　費　驊
	周宏濤（新任）
政務委員兼內政部部長	邱創煥（新任）
政務委員兼外交部部長	沈昌煥
政務委員兼國防部部長	高魁元
政務委員兼財政部部長	張繼正（新任）
政務委員兼教育部部長	朱匯森（新任）
政務委員兼司法行政部部長	李元簇（新任）
政務委員兼經濟部部長	張光世（新任）
政務委員兼交通部部長	林金生
政務委員兼蒙藏委員會委員長	崔垂言
政務委員兼僑務委員會委員長	毛松年
秘書長	馬紀壯
主計長	鐘時益
國軍退除役官兵輔導委員會主任委員	趙聚鈺
臺灣省政府主席	林洋港（新任）
臺北市市長	李登輝（新任）

5月30日　星期二

上午

七時五十分，總統伉儷親臨市立殯儀館，弔祭何一級上將應欽夫人之喪，並向何上將及家屬殷殷慰問。

十時，在本府大禮堂主席國父紀念月會。政府新任政、

軍首長在會中宣誓，由總統監誓，並致詞期勉新任首長，以豐富的學能經驗和公忠謀國的精誠志節，為國效命，為民服務。

十時四十分，在國防部主持軍事會談。

十二時，在圓山飯店以午餐款待資政及一級上將。

下午

四時三十分，在府內大禮堂舉行茶會，款待國策顧問。

五時三十分，召見李彩球、沈永倫。

新任軍政首長宣誓訓詞

今天各位首長宣誓之後，就接受了國家和人民交付的莊嚴使命，承擔了重大的責任，尤其是在國家多難的此刻，我們政府同仁所負的責任，比之任何時候都要艱鉅，我們所要完成的使命，也比任何時刻都要更加迫切，因此經國希望各位首長和軍政工作同仁都能以豐富的學能經驗，和公忠謀國的精誠志節，為國效命，為民服務。

我們都知道，政府施政有兩方面的意義，一是指政策的研究和決定的過程而言，這就是計劃的部分，一是指政策的實施和檢討而言，這就是執行的部分。政府施政的計劃，必須以民眾的利益為基準，為前提，而執行政策，尤其要能切實做到利民，使施政的成效，真正落實到民眾身上。古人說：「民之所好好之，民之所惡惡之。」經國認為這一政治哲學，道理非常精闢而簡明。這就是說，政府施政的計劃，是要依據大多數民眾的需

要和民眾的願望，特別是要了解民眾的一般心理趨向，
如此一切政策才能為民眾所樂於接受，才能和民眾一齊
努力來從事國家建設，這就是「民之所好好之」的道
理；反之，凡非民眾的需要和願望，也就是民眾心理所
厭惡的作法，都必須絕對避免，特別是對於一切苛擾民
眾的事情，更要澈底根除，這就是「民之所惡惡之」的
道理。

　　實在，我們政府工作同仁，都要抱持一種「有所為
有所不為」的襟懷和態度。一切作為，其成效確能為民
眾謀福利，而「為民之所好」的，即毅然決然為之；如
果不能有益於民眾，而且「為民之所惡」的，即斷然不
為。我們一切施政只要能夠確切準此去做，那就必能減
少阻滯難行的困難，而最後亦斷無不成之理。

　　當前我們復國建國的共同行動方向，主要是充實國
家力量，增進國民生活，擴大憲政功能，確立廉能政
治，來實踐三民主義，加速光復大陸國土的行動。而貫
徹這一共同的行動方向，基本上要全體政府同仁，都能
更進一步發揮法治的觀念，責任的意識，研究發展的科
學方法和協調合作的團隊精神。

　　簡截來說，我們要實踐總統蔣公「新速實簡」的昭
示，而務實尤其重要。經國希望由自身做起，和全體
政府同仁，一齊做到平凡、平淡、平實——處世求其平
凡，生活求其平淡，辦事求其平實，以此來修身，以此
來治事，以此來推進政治建設，社會建設。

　　我們也都明白，行政工作是一種責任的行為，也是
一種道德的行為，而且也是一種有感情有血性的行為，

換句話說，我們是要抱著良知熱忱，為國家為民眾犧牲奉獻，要把自己的心力，一點一滴貫注在行政工作上面，以民眾之苦為苦，以民眾之樂為樂，使責任、道德、良知、熱誠，結合成為「服務的行政」的新境界，那就是我們努力的目標。經國特地提出這個觀念和作法，來和全體政府同仁共同勉勵。

我們都為復國建國大業奮鬥，我們也一齊來創造復國建國的勝利成功！

5月31日　星期三

上午

九時，主持中常會。

常會後，召見方治、王慶芳。

下午

五時，召見李登輝。（即將出任臺北市市長）

五時三十分，召見林洋港。（即將出任臺灣省政府主席）

6月1日　星期四

上午

十時，在府召見蔣秋佳等三人。

十一時，接見孫院長運璿。

下午

三時，在中央黨部主持中央工作會議。（會中指示多項，另存有紀錄，故從略。）

任命張祖詒為總統府副秘書長、周應龍為總統府第一局局長。

6月2日　星期五

上午

九時，接見公立大學校院長閻振興等七人。

6月3日　星期六

上午

九時，在府接見私立大學校院長于斌等七人。

十時三十分，蒞苗栗縣，先後巡視公館、大湖、泰安等偏遠鄉區，訪問民情，慈祥親切，所到處受到民眾熱烈歡迎。

6月4日　星期日

下午

五時，在大直寓所見行政院長孫運璿、中央黨部秘書長張寶樹等。

6月5日　星期一

下午

四時三十分，約克萊恩夫婦，莊來德夫人茶敘。

6月6日　星期二

上午

八時，至市立殯儀館弔祭總統府資政魏道明先生之喪。

十時，主持財經會談，指示本年度國中畢業學生不能升學者應輔導就業。各地輔導就業機構及國民中學應密切配合辦理。

此外於聽取金融財經部門報告後，對財經重大措施，並作若干提示。

下午

五時，接見美國史克利浦斯霍華德報系副總裁史克利浦斯二世夫婦。

6月7日　星期三

上午

九時，主持中常會，曾說明總統府經常舉行幾種會談（如軍事、財經等）之目的，在於瞭解情況，交換意見，並不作決定，如果要作決定，仍屬行政院之權責。

會中並通過主席提議之行政院各部政次及臺省府委員人選案。

下午

四時三十分，接見南非國家安全局局長范登堡夫婦。

五時，約五院院長茶敘。

行政院各部政次人選

內政部政務次長　　　　劉兆田

外交部政務次長　　　　楊西崑

國防部副部長　　　　　鄭為元（新任）

財政部政務次長　　　　杜均衡

教育部政務次長　　　　陳履安（新任）

司法行政部政務次長　　范魁書

經濟部政務次長　　　　汪彝定（新任）

交通部政務次長　　　　陳樹曦

僑務委員會副委員長　　柯叔寶　朱集禧（新任）

臺灣省政府委員人選

委員兼秘書長　　　　瞿韶華

委員兼民政廳廳長　　陳時英

委員兼財政廳廳長　　徐立德（新任）

委員兼教育廳廳長　　謝又華（新任）

委員兼建設廳廳長　　楊金欉（新任）

委員兼農林廳廳長　　許文富（新任）

委員　　　　　　　　張甘妹　　　　　章博隆（新任）

　　　　　　　　　　葉國光（新任）　李悌元

　　　　　　　　　　陳敏卿（委員留任、不兼廳長）

　　　　　　　　　　鄭水枝（新任）　秦祖熙（新任）

張賢東（新任）　黃昆輝（新任）

陳如根（新任）

社會處處長	許水德
警務處處長	孔令晟
交通處處長	常撫生
衛生處處長	胡惠德
新聞處處長	趙守博
主計處處長	林鎧藩
人事處處長	余學海
糧食局局長	黃鏡峯

6月8日　星期四

上午

九時，接見美國前駐日本大使強森。

十時，召見軍方調職人員十人。

十一時，見梁孝煌。

下午

五時，見張寶樹。

6月9日　星期五

上午

八時三十分，接見二次大戰期間參加中國空軍之美國志願大隊代表三人。

九時，接見大學教授七人。

十一時二十分，抵達南港中央研究院，為該院成立五十

週年致賀，並期勉全體同仁今後繼續努力，對國家作更多之貢獻。

下午
四時三十分，見李煥。
五時，見沈昌煥。

6月10日　星期六　端午節
上午
九時，接見出席中國大陸問題研討會旅美學人美國舊金山大學教授吳元黎博士、藍德公司高級經濟學家葉孔嘉博士、馬里蘭大學法學院教授丘宏達博士、勃朗大學政治學教授高英茂博士、紐約大學政治學教授熊玠博士、紐約市立大學亞洲研究學系教授兼系主任翟文伯博士等。

中午
至慈湖謁先總統蔣公之靈。

下午
蒞臨中部，先後在臺中縣大里鄉草湖、南投縣名間鄉受天宮、竹山鎮、鹿谷鄉等地訪問民眾，並了解茶農生活情形。

6月11日　星期日
晨

至溪頭青年活動中心參觀。

上午

九時二十分，由南投縣長劉裕猷等陪同，登上鹿谷凍頂山，參觀茶園，對茶農生活之改善深表欣慰。

十一時，抵草屯鎮巡視坪林社區重劃情形。

中午

至埔里鎮午餐並訪問民眾。

下午

一時半許，離開埔里，經魚池鄉赴日月潭，並曾至松柏崙先總統蔣公銅像前行禮致敬。

6月12日　星期一
【無記載】

6月13日　星期二
上午

十時，主持軍事會談。

下午

五時，接見美國喬治鎮大學戰略與國際問題研究中心主任克萊恩博士。

6月14日　星期三

上午

八時三十分，在中央黨部接見孫院長運璿。

九時，主持中常會。

常會後，見張故院長道藩遺族及張重羽等十位。

下午

五時，接見美國大使館副館長沙利文。

五時十五分，接見俞總裁國華。

6月15日　星期四

上午

八時三十分，約見軍方調職人員。

九時，接見韓國大法院院長閔復基等。

6月16日　星期五

上午

十時，蒞臨鳳山主持陸軍軍官學校五十四週年校慶及紀念北伐成功五十週年典禮，以「反共、建軍與民族復興」為題，勉勵全體官兵，要結合全民，發揚黃埔精神，為實現總統蔣公「再北伐、再統一」之偉大昭示而急起奮鬥。

下午

二時五十分，抵達恆春地區，先後慰問玉石溪海防部隊，訪問南灣漁民，巡視核能三廠之工程進度及訪問後

壁湖漁村。

反共、建軍與民族復興

今天是陸軍軍官學校五十四週年的紀念日。

回想五十四年以前，我們國民革命軍之父——總統蔣公奉國父之命創建本校之時，形勢惡劣，環境艱難，但是有了黃埔建軍，而後才有國民革命大業的開展挺進；我們也回想五十四年以來，黃埔師生以生命作犧牲，以血肉相搏鬥，而後我們國家民族能夠轉危為安，轉弱為強。

而今天，我們同時紀念北伐成功五十週年。黃埔師生在我們國民革命軍之父領導之下，不但奠定了北伐以前建校建軍的基礎，而且擴張了政治的、經濟的、社會的形勢和戰力，雖然內有軍閥，外有強敵，兵力懸殊，屢遭挫折，但是國民革命軍誓師之後，卻以不到三年的時間，打敗十倍以上的敵人，統一了全國，開始國家建設的大業。

我們知道，北伐統一的成功，顯示著多方面的意義：

第一是革命信念的堅確：北伐途中，國民革命軍遭遇無數的頓挫，甚至「黨的基礎瀕於危亡者先後五次，革命勢力幾告覆亡者凡十五次」，而外力的阻撓、軍事的失利，艱險重重，但人人堅信，凡救國救民的革命壯舉，最後無不克底於成。而所有敵人，就都在三民主義國民革命的旗幟之下，歸於失敗，這一信念，就是國民革命勝利成功的最重要的精神憑藉。

　　第二是戰鬥精神的振奮：黃埔軍校成立之初，全體師生不過五百枝步槍，兩年之後，北伐之師，亦只有十萬人，而隨征長江的部隊不過五萬，當時長江南北的軍閥，多至一百四十萬人，國民革命軍面對十四倍以上的敵人，發揮了以寡擊眾、以少勝多的革命精神。因此長沙之役、汀泗橋之役、武漢之役、南昌之役、龍潭之役、徐州之役、平津之役……，都創造了輝煌的戰績，使長久以來軍閥割據的局面，全部歸於統一。

　　第三是反共意志的激勵：共產匪黨在國民革命軍的陣營之中，阻撓北伐，破壞建國，對國民革命一再的污衊打擊，造成寧漢分裂，但是由於我們國民革命軍之父洞察共匪陰謀，號召反共，革命黨員更全力進行清黨，淨化了國民革命軍的陣營，迅速完成了統一。這也就證明，反共是掃除革命的障礙，也就是建國的前提，而也唯有堅強的反共意志，才能使革命事業誠摯純一，得到真正的勝利成功。

　　第四是民族意識的發揚：國民革命運動也就是中國民族復興運動，而北伐統一乃就確立了我們民族自存自立的基礎，開拓了民族復興的新道路。直到今天，雖然大陸共匪在不斷摧殘民族和文化的生機，但是由於北伐以來民族意識的激勵、文化德性的鼓舞，使民族的精誠大義，深入人心。大陸同胞至今都在為保衛民族文化、延續民族生命而誓死搏鬥，而這就是我們反共復國之戰的精神戰力，更就是我們海內海外同胞一齊為三民主義而奮鬥的信心之所自。

　　北伐統一的成功，還顯示了我們建國方向的正確，

顯示了我們全國民眾的精誠團結，顯示了我們民族真能
自信自強，不畏強暴，不畏橫逆，不畏艱難，更顯示了
我們國民革命軍之父所說「革命的成敗，不在地區的大
小，而在其內部的純淨；不在武力之多寡，而在革命
主義、革命精神是否順乎天而應乎人」這一道理的精
確不移。

今天，我們反共復國聖戰，無論基地建設、國力基
礎、三軍戰力，特別是海內海外全體同胞同仇敵愾誓復
大陸的決心和鬥志，比之五十年前的北伐時期，何止大
過千百倍，因此，今天我們只要更加純淨，更加奮發，
精誠團結，齊勇若一，必定能夠加速建設台灣基地，光
復大陸國土，貫徹國民革命的大業。

北伐統一是我們三軍一體、如手如足的黃埔師生和
全國同胞「以武力和國民相結合」所創造的輝煌績業。
今天，紀念北伐成功五十週年，我們要繼續發揚黃埔的
革命精神，團結國民的統合力量，為實現我們國民革命
軍之父「再北伐、再統一」的偉大昭示而急起奮鬥。勝
利成功的機勢，已經操之在我。

6月17日　星期六

上午

八時三十五分，至屏東縣偏遠之牡丹鄉石門村，垂詢山
胞生活，並參觀當地村長及鄉代表之選舉情形。

6 月 18 日　星期日

上午

由參謀總長宋長志上將陪同，先後巡視中國造船公司與中國鋼鐵公司，曾至各工場參觀作業情形，慰問員工之辛勞，並勉勵其繼續努力。

6 月 19 日　星期一

【無記載】

6 月 20 日　星期二

上午

九時，接見美國專欄作家卡諾。

十時，主持財經會談，聽取經濟情勢、物價、金融及糧政等報告。

下午

五時，接見經濟學家蔣碩傑。

6 月 21 日　星期三

上午

九時，主持中常會。

會後，接見陳裕清。

6 月 22 日　星期四

【無記載】

6月23日　星期五

上午

九時，接見美國奧克拉荷馬州議員達克蒂。

九時三十分，約見陳衣凡。

6月24日　星期六

上午

九時，飛花蓮。

十一時三十分，蒞臨壽豐榮民訓練中心巡視，勉勵榮民，要學得一技之長，繼續報效國家。

下午

二時五分，巡視北迴鐵路和平隧道，並慰問工程人員。

6月25日　星期日

晨

接見花蓮縣長吳水雲，詢問民眾生活及地方建設情形。

上午

七時，沿東西橫貫公路至天祥，視察輔導會所屬花蓮農場西寶分場，隨後乘車赴梨山。

下午

至梨山武陵農場，參觀蔬菜及水果生產情形，並與榮民及遊客閒話家常。

6 月 26 日　星期一

上午

九時三十分，蒞臨石岡水壩巡視，瞭解其實際效益，曾指示臺中縣長陳孟鈴美化水壩四周環境，開闢觀光道路，以促進地方的更繁榮。

十時十五分，至高速公路豐原交流道巡視，囑咐陳縣長注意高速公路附近相關道路之配合計畫。隨後乘車沿大道北上。

國策顧問李宗黃先生之喪，今日上午在市殯儀館公祭，因在外地，特請蔣秘書長代表前往弔唁。

6 月 27 日　星期二

上午

八時，在圓山飯店約前美駐華大使莊萊德夫婦早餐。

十時，主持軍事會談。

6 月 28 日　星期三

上午

九時，主持中常會。

常會後，接見孫院長運璿。

下午

五時接見孫院長運璿、張秘書長寶樹、沈部長昌煥等。

6月29日　星期四

上午

八時三十分，見馬樹禮。

九時，接見美國福特汽車公司董事長亨利福特二世，晤談約四十分鐘。亨利福特二世曾以精美小型汽車模型一座贈送總統，以表敬仰之忱。總統亦以國畫桃竹圖一幀贈之。

十時，召見本府參軍二批。

十一時，召見軍方調職人員三人。

下午

四時三十分，召見軍方調職人員十二人。

五時四十五分，接見俞總裁國華。

6月30日　星期五

上午

八時四十五分，接見韓國議員李秉禧。

九時，接見賽滋、濮萊德等。（係來參加中美科學合作委員會聯席會議及中華教育文化基金董事會者）

九時三十分，接見徐亨等三人。

十時，主持國父紀念月會及各部會政務次長等宣誓典禮。

7月1日　星期六

中午

蒞桃園縣復興鄉復興賓館。

下午

二時三十分，自復興賓館出發，攀登達觀山，巡視古木群林及溫帶水果栽培區，並與當地山胞話家常。隨後轉往下巴崚訪問救國團設於該處之巴崚山莊。

7月2日　星期日

晨

自復興賓館啟程，沿途巡視稻田成長情形。

上午

九時三十分，至慈湖謁陵。隨後經大溪、桃園市區，由南坎交流道上高速公路北返。

7月3日　星期一

上午

七時，至陽明山莊與革命實踐研究院全體員生共進早餐。

十時，在府接見美國史卡拉匹諾教授。

十一時，見孫院長運璿等。

7月4日　星期二

上午

十時，在府主持財經會談，聽取最近經濟情勢及設置農業機械化基金促進農業全面機械化等報告。

7月5日　星期三

上午

九時，主持中常會。

十一時，在府接見美國眾議員曼恩。

下午

至王資政雲五寓所祝賀其九一壽辰。

7月6日　星期四

上午

十時，召見軍方調職人員。

十時三十分，接見李樹衢等。

下午

三時，主持中央工作會議，指示黨的工作，不要盡在公文和會議上兜圈子，必須深入基層切實去做。其重點有四：

一、是注意幹部和黨員的素質；

二、是掌握政治情報；

三、是鞏固政權；

四、是黨政工作，一定要精神與物質有很好的配合和

支持。

五時，接見出席中國工程師學會近代工程技術討論會人員二十人。

7 月 7 日　星期五

今日致電朴正熙總統，祝賀其當選連任大韓民國第九任總統。

7 月 8 日　星期六

【無記載】

7 月 9 日　星期日

上午

九時後，蒞臨宜蘭縣，先後至棲蘭苗圃、土場村訪問村民；並前往仁澤溫泉，視察太平山森林遊樂區開發情形。

7 月 10 日　星期一

上午

十時二十分，蒞臨宜蘭一空軍單位，巡視基地勤務並慰問官兵辛苦。

今日明令特派邱創煥等為籌辦增額中央民意代表選舉總選務所委員。

7月11日 星期二

上午

十時，主持軍事會談。

十一時三十分，見魏景蒙先生。

7月12日 星期三

上午

八時三十分，在中央黨部接見行政院長運璿。

九時，主持中常會。

常會後，接見東海大學校長梅可望等。

十一時三十分，接見哥斯達黎加駐華大使桑傑士。

下午

七時，在大直寓所以晚餐款待余南庚等。

7月13日 星期四

上午

九時三十分，在府接見美軍顧問團新舊任團長湯普遜夫婦及崔仕克夫婦。

十時，接見呂光教授。

7月14日 星期五

上午

九時，至南港中央研究院，在其第十三次院士會議開幕式中致詞，提出四個共同努力方向，希望院士們及學術界、教育界貢獻智慧力能，協助政府為國家建設謀求更

大更多的貢獻。

下午

四時，至陽明山莊主持革命實踐研究院學生幹部研習會
（學幹班）結訓座談。

中央研究院第十三次院士會議開幕致詞

今天中央研究院第十三次院士會議開幕，經國和各
位院士先生相聚一堂，深深感到愉快。尤其各位先生在
溽暑之中舉行會議，還有許多位院士先生由海外遠道
回國參加，經國對於各位院士先生的辛勞，實感無限
的敬佩。

今年欣逢中央研究院成立五十週年。回想這五十年
來，我們國家科學和文化各方面的發展，無一不和貴院
息息相關，可以說，我們國家學術、教育和文化的建
設，就都是由於貴院所樹立的精神、方向和風氣所導
引、所推動。

這半個世紀之中，我們國家始終是在動盪之中不斷
建設，在極盡艱難之中，不斷發展創造。同時，貴院也
是幾經播遷，艱難奮鬥，到今天有十一個研究所和三個
研究所籌備處。而各位院士、評議員和研究員先生，
都是學術界、教育界傑出的學者，不論是在人文科學、
社會科學和自然科學的領域，不論是在國內、在海外，
都一直在致力於我們國家學術水準、教育水準的不斷提
高；致力於純粹科學與應用科學的兼籌並顧；致力於學
術和國家需要的深相結合；致力於國內與國際學術界的

合作交流。因此，我們國家雖然在艱難險阻的環境之中，但是我們的學術和教育，始終向前進步，而正因在這種艱難險阻的環境之中，顯示貴院全體同仁對於國家民族的貢獻更加重大，更見光輝。

今天國家的基本建設，都是為了充實國家力量和光復大陸國土。政府在十項建設將要次第完成之時，賡續進行新的經濟建設，這只是國家基本建設的開端，我們決不以此自滿自足，而且還要進而加強了解國家建設各種問題的癥結，要對問題虛心檢討，有深度的了解和認識，有徹底解決與改進的方法和步驟，如此來貫徹國家建設的整體計劃，才能逐步的改善國民生活，充實國家力量，達成復國建國的目標。

當前我們進行國家基本建設的原則，是在艱難的世局中求安定，在安定中求發展，亦且是以自立自強的精神，來推動建設，加速建設。

針對這一要求，我們所當更進一步共同努力的：

第一是因應當前國家的急需和今後長遠的籌算，必須積極加強科學的發展。而科學的發展，又以人才的培養為第一要著，以不斷更新設備為基本要求。但人才的獎進，不能期其速成，研究發展尤須有遠大的眼光和長遠的策劃，因此期望學術界、教育界和政府排除萬難，共謀進行。

第二是面對今天社會結構的變遷和價值觀念的蛻變，必須充分發揚民族文化的優良傳統，提昇國民的道德水準，促致社會心理的平衡，造成和諧安定的秩序。因此人文科學、社會科學實與自然科學不能偏枯偏榮，

而物質觀念與精神價值不能畸重畸輕，對於社會心理的
建設‧甚關重要，這也是期待學術界、教育界共同策勵
的方向。

　　第三是在復興基地，如何配合有利條件，善用有限
資源，一方面順應建設的成長，一方面因應戰力的需
要，也就是要在有限的物質基礎上，發揮集體的智慧、
創新的智慧，擴張生存發展的力量。政府的功能有其限
度，而有賴於學術界、教育界共同貢獻其智慧力能。

　　第四是學術研究和經濟發展的更進一步相結合。由
於復興基地經濟的快速發展，到達了新的轉捩點，農業
和工業在這一過程中，已有一些不能適應的現象，必須
以學術的研究來力求改進。近年來貴院和國內各大學
以及其他研究部門，對於工商業以及國防工業的合作和
指導，諸如新理論的引入、新技術的介紹、統計分析資
料的供給，各種講習會的舉辦，各種問題的研討，各種
方法的實驗，各種研究計畫的獎助，都是有形無形的助
益，深望學術界、教育界能夠更進一步擴大合作研究的
基礎，謀求更大更多的貢獻。

　　最近貴院有諮議委員會的成立，主要在接受委託對
國家建設作研究、審查和設計，並將接受院士或者評議
會的提議，研討有關國家學術建設問題，提供政府參
考。這一諮議委員會的成立，經國甚感興奮，深望貴院
各位先生能從不同的角度、不同的立場，對於政府施政
和各種建設，作客觀的批評和建議。

　　五十年來，我們國家民族在苦難之中成長，也在苦
難之中蔚為堅強奮鬥的象徵，這五十年實在也就是我們

充滿希望的時代。但是今天我們在世局的逆流中，再次處於艱難的時刻，而共匪敵人更是處心積慮要戕滅民族文化的生機，斷絕國家生存的盛軌，因此今天我們必須為國家民族而奮鬥的責任，比之過去五十年，更要艱難，更要沉重。然而我們只要一回想過去的歷史，體認過去的經驗，我們奮鬥的精神便會盎然以起，我們堅定的信念便會油然而生。

一個月以前，經國前來貴院，承錢院長說明貴院的近況和各研究所的研究工作，今天經國又參加貴院第十三次院士會議開幕，了解更為深切，謹以個人的感想和期望，為各位先生坦陳，同時對於各位先生以「學術報國、學術建國」的襟懷和志事，更表示無限的敬佩之忱。

敬祝各位先生身體健康，敬祝院士會議圓滿成功！

7月15日　星期六

上午

十時，啟程。

下午

五時五分，抵達中船公司高雄總廠碼頭，乘坐「榮譽號」遊艇巡視高雄港區，並聽取港務局長李連墀有關高雄港過港隧道之興建計畫及去年颱風災害後復建情形等簡報。

六時，至正在舉辦商展之高雄地下街參觀，受到大批民眾熱烈歡迎。

7 月 16 日　星期日

上午

七時許，在高雄召見高雄市長王玉雲，共進早餐，垂詢地方建設及民眾生活情形。並期望高市府加強改善空氣污染，興建平價住宅，照顧低收入市民。

十時十分，抵達臺中港，巡視二期建港工程。對中港營運狀況日趨穩定、防風林均已長高、漁港規劃完成、建港工程進行順利、以及進出口貨裝卸情形良好，一再表示讚許，並慰慰施工人員之辛勞。

7 月 17 日　星期一

【無記載】

7 月 18 日　星期二

上午

十時，在府內主持財經會談，表示關心目前物價的穩定，及新臺幣匯率調整後對工商界的影響。希望各有關單位，研擬配合措施，使我國經濟發展在穩定中繼續成長。

下午

四時，舉行工商企業界人士座談，聽取各業面臨的問題及建議，並期勉工商企業界，積極改進生產設備，提高產品品質，降低生產成本，使我們的工商企業能更進一步發展。

7月19日　星期三
上午

九時，主持中常會。

7月20日　星期四
上午

八時三十分後，約見大學教授兩批。

十一時，見軍法局長顧樸先等。

十一時三十分，作呈遞國書演習。

7月21日　星期五
上午

九時，見考試院副院長劉季洪。

九時十五分，見師範大學校長張宗良。

十時正，在總統府會客室接受哥斯大黎加共和國新任駐華大使高立輝呈遞到任國書。

十時三十分，接見美國醫學訪華團。

十一時，見駐霍士敦總領事黃傳禮。

十一時三十分，接見來華參加支援「被奴役國家週」大會之外國人士艾希布羅克等。

7月22日　星期六
上午

十一時十五分，蒞臨成功基地，訪問大專暑訓學生，首先至自強臺巡視學生操課情形。隨後至貴賓室聽取大專暑訓概況簡報。

十一時五十分，至學生連與學生共進午餐，曾勗勉他
們，要確立國家至上的觀念，只有為國為民奮鬥，個人
才有光明的前途。

7 月 23 日　星期日
上午

九時二十五分，至中興新村，巡視臺灣省政府。於聽取
省主席林洋港報告省政措施後，曾就省政工作重點，提
出革新政治風氣、重視文化建設、照顧農漁礦工、注意
和衷共濟等指示。

7 月 24 日　星期一
下午

四時，在府內約嚴家淦先生等十位晤談。

7 月 25 日　星期二
上午

九時三十分，授勳俞總裁國華。

十時，主持七月份國父紀念月會。

十時四十分，在國防部主持軍事會談。

下午

四時，再次舉行工商企業界人士座談，對業者受匯率調
整之影響與經營現況所提出之意見，表示將儘可能給予
解決。並勉勵業者繼續提高產品品質，維護出口產品商
譽，加強管理效率，以提高競爭。同時希望業者多照顧

勞工生活和福利。

7月26日　星期三
上午

九時，主持中常會。

7月27日　星期四
上午

八時三十分，在府約見大學教授兩批。

十一時，接見巴拉圭駐華大使阿爾巴林格。

十一時三十分，接見教廷駐華代辦吉立友。

下午

四時，主持革命實踐研究院結訓座談。

自六月二日以來（至本月二十七日）總統曾分批邀請中央研究院院士、公私立大學校長、院長、系主任、教授，在府內舉行過七次學術性及教育性座談。對彼等所作供獻深致佩慰。並盼以新理論、新方法，配合建設，帶動建設，與政府共同努力，為國家作育人才。

7月28日　星期五
上午

九時十分，在陽明山中山樓主持六十七年黨務工作會議開會典禮並講話，指出黨的革命方略有二：

一、是盡一切力量鞏固黨和國家的生存；

二、是盡一切力量，擴大革命的成果。

希望每一位同志，體認責任艱鉅，拿出良心血性，為黨為國，犧牲奉獻，創造我們勝利成功的新機運。

（會中曾印發「革命青年的革命認識」一文──對實踐研究院學員講詞。）

7 月 29 日　星期六

中午

十二時，在陽明山中山樓約地方黨工同志午餐。

下午

五時，主持黨工會議閉幕典禮，曾重申反共國策，闢斥不實讕言，嚴正表明絕不與共匪妥協和談，亦不和任何共產政權交往。勉勵全黨同志要以不屈不撓的精神，開拓我們光明的前途。

7 月 30 日　星期日

上午

抵達澎湖馬公機場，隨即轉往七美、望安兩離島，巡視地方建設，探詢民眾生活。

午餐後，巡視海空軍基地並訪問馬公市區商店。

7 月 31 日　星期一

晨

六時許，冒雨至漁市場、文康市場等處訪問，與民眾閒話家常及探詢商業情形。

上午

七時，在賓館與地方各界首長共進早餐，對防務堅強、建設進步，表示嘉許。並強調「島離人不離」，海水不能阻止民眾的感情，希望大家同心同德，團結合作，建設更進步的澎湖。此外特別指示謝有溫縣長，多興建水庫，徹底解決飲水問題，並須保持澎湖純樸的民風。

8月1日　星期二
上午

九時，見韓國文教部長官朴瓚鉉。

十時，主持財經會談。

十一時三十分，見楊院長亮功、張校長宗良。

下午

四時，在總統府邀請工商界人士座談，曾表示政府對匯率問題一定會慎重處理。

8月2日　星期三
上午

八時三十分，見日本眾議員小淵惠三。

九時，主持中常會。

十時三十分，約見張訓舜、張炳楠、賴光武等。

8月3日　星期四
上午

八時三十分，在府內分兩批邀集大專院校長、系主任及教授舉行座談，每批八人。期勉致力於改進教育，講求質量均衡發展，從四育、生活及就業等方面，啟導青年，使成為有用之材。

十時三十分，接見格瑞那達總理蓋瑞等。

十一時，集體約見駐外大使趙金鏞等。

下午

三時，主持中央工作會議。曾就辦好增額中央民意代表選舉、籌開新聞工作會談、慶祝國慶辦法、對黨工會議時青年同志所提意見之研辦以及有關教育與任用方面事項之研究改進等，分別有所指示。

8月4日　星期五

【無記載】

8月5日　星期六

下午

五時，蒞木柵青邨，在六十七年度國軍工作檢討會上以「精益求精、勝兵先勝」為題，勗勉三軍袍澤，為再造北伐成功光輝，完成領袖遺志大願，而堅持全程的光榮的奮鬥。

六時，與出席人員會餐。

精益求精·勝兵先勝

六十七年度國軍工作檢討會，經過三天的議程，已經圓滿結束。剛才宋總長報告了會議各項檢討情形，深深感到國軍人事、情報、作戰、計劃、後勤、聯訓以及政治作戰各方面一年一度的嚴格檢討，對於策進整軍建軍的國防建設，關係實在重大。

大體來說，一年以來，國軍依據建軍目標和計劃作為而形成的績效，斐然可觀，而國防建設的成長率，也一直在繼續增長，這不只是顯示國軍戰力的日益強大，

尤其顯示，三軍袍澤親愛精誠、團結奮發、人人將自己的智慧力量，投注於戰力整備，投注於研究發展，投注於精純勁練，全面奮鬥，創造勝兵先勝的契機。經國要向全體國軍官兵同志表示嘉慰。

領袖曾經指出，一個現代國家的生命力，主要的一是教育，一是經濟，一是武力，所以教育建設，經濟建設和國防建設，三者互為作用，相輔相成。近年以來，我們的教育事業和經濟發展，已達到相當的水準，但是由於社會結構的變異，國際形勢的推移，內在外在條件的轉易，教育建設和經濟建設，已到了一個新的轉捩點。而我們的國防建設，特別是我們的反共復國戰爭作為，也同樣由於我們自己的發展、國際政治的激盪、當面敵人的動亂、戰略形勢的變化，以及軍備競爭的擴大，而面臨一個新的轉捩點。

這就是說，我們在這一新的階段，要就國防建設作總體的檢討和策進，使得國防建設和教育建設、經濟建設，更進一步厚植復國建國的根基，蔚為國家民族蓬蓬勃勃強大隆盛的生命力。

而其最重要的：

一是我們國民革命軍之父近二十年來對於整軍建軍大計和反共復國戰爭指導——諸如建軍目標制度的確立、政略戰略的釐訂、教育訓練的精進、裝備後勤的改良、戰術戰技的磨練、精神戰力的培養……無不有詳盡周密的提示，凡此領袖所給予國軍最重要的精神遺產，或已見之制度規章，或已納之典籍範令，或已行之有年，或已經在反覆練習；但是我們不能再承領袖耳提

面命，已三年有餘，今天面對當前各種情勢的動變，必
須更進一步的綜合研究，省察體會，多方印證，融會貫
通，才能使領袖的精神遺產，更能資為國軍精神和行動
的源頭活水而發生長效大用。

　　二是國軍近年來依據建軍目標的各種施政計劃和作
為，都能形成制度，見之實效，使國軍建軍備戰長程中
程和近程的發展，都有良好的成績，這也就是國防建設
成長率所以不斷增長的主因。誰也知道，反共復國戰
爭，其本質、其立場、其革命信念和精神乃是始終堅定
純一，全程貫徹，但其計劃作為，卻要依據當前形勢而
推移，特別是針對敵人，針對週遭的環境，針對世界軍
備的發展，而因應變化。希望國軍高級幹部同志都能校
計索情，刻意精進，使國軍永遠保持青春戰力，永遠制
敵機先。

　　三是今天世界各國的國防，都重視自力更生，這原
是一種必然的趨勢，而我們反共復國戰爭，尤其如此。
這就是說，其外在的形勢，因有客觀的變化，非我們所
能完全左右，但是其內在的條件，則必須我們以自力來
發展、來創造、來掌握，因此，外來的助力，可取而不
可恃，所以自力更生，獨立作戰，是我們所應有而必須
堅持的態度和作為，同時更要以此自力更生的精神，轉
變外在的客觀的形勢。如此，我們才能真正立於地緣的
政略地位，立於主動的戰略地位，來發揮戰爭面，交通
線的優勢，來擴張政治的心理地位的力量。

　　四是促進社會安定、鞏固內部安全的同時，要以新
的觀念、新的方法、新的力量，更進一步擴大對大陸同

胞的號召和行動，持續對大陸敵後的情報布建和戰鬥作
為，擴張我們「未復其地、先有其民」的先戰之戰，
來強化我們「三分軍事、七分政治、三分敵前、七分敵
後」的積極行動。

今年正值國民革命軍北伐成功五十週年，我們國民
革命軍秉持領袖為完成國父遺志所昭示的黃埔革命精神
──犧牲的精神、團結的精神、負責的精神，創造了東
征、北伐、剿匪、抗戰的光輝史績。今天我們三軍袍
澤，為鞏固復興基地，為解救大陸同胞，為保障亞洲和
平，為維護人類自由，而勇於犧牲，而樂於團結，而敢
於負責，我們要更進一步親愛精誠，一心一德，緊密結
合全體同胞，為再造北伐成功的光輝，為完成領袖光
復大陸國土的遺志大願，而堅持全面的全程的光榮的
奮鬥。

8月6日　星期日
今日榮民總醫院透過行政院新聞局發表總統體檢結果，
指出一般健康情形極為良好。
今日蒞臨金門前線，慰勉軍民同胞，參觀安老院育幼
院，並至太武山公墓及東美亭、伯玉亭致祭。

8月7日　星期一
派秘書長蔣彥士代表弔祭光復會副主任委員曾寶蓀女士
之喪。

上午

九時三十分，抵臺中成功嶺，聽取大專班主任之簡報。

十時，檢閱學生部隊。

十時二十分，主持六十八年度大專學生集訓第一梯次結訓典禮。期勉青年同學要端正國家觀念，開擴人生視野，發揮知識力量，以共同參與建設社會、貫徹國策、實踐三民主義、促使民族復興為樂事、為職志、為光榮。

六十八年度大專學生集訓
第一梯次結訓典禮致詞

今天大專學生集訓第一梯次結訓，看到同學們步伍整齊，軍容壯盛，感到十分快慰。

在炎熱的夏日，同學們來到成功嶺，接受文武合一的教育訓練，成功嶺所給予大家的，只是風沙、烈日，只是操作、講習，只是野外行軍，戰鬥訓練，只是整飭的紀律要求，嚴格的生活教育……但其結果卻是大家有了更加熾熱的愛國精誠，有了更加正確的人生方向，有了更加適當的生活規律，有了更加強健的體格力能，尤其是有了更加明確更加堅定的革命信念、奮鬥意志和團隊精神。

事實上，大家還不只是如此的收穫，更重要的是大家在成功嶺的革命教育中，會產生一種對民族復興大業濃厚的參與感，一種對國家建設濃厚的成就感，更加覺得國家民族的命脈，和我們的生命如此的緊密相關、血肉相連；尤其是當同學們在國旗飄揚、號聲嘹亮、齊步

前進的時刻，大家就會油然而生一種濃厚的責任感，更加覺得國家社會是如此的需要我，而我也是如此迫切的需要為國家社會致力效命。

理性啟示青年們，只有青年們對國家社會有參與感、有成就感、有責任感，國家社會才能進步，才能發展，才能青春隆盛；而感情也鼓舞青年們，民族光輝的績業、家庭溫暖的親情、社會相互的依存，青年們一定會去珍惜，去尋求，去創造奮鬥！

青年同學們！大家在成功嶺接受了革命洗禮的戰鬥訓練，希望大家記取我們的領袖——總統蔣公從前對青年們的訓勉：「革命青年，就該以現在為你們的國家歷史、民族文化，來做一連串戰鬥新事業的起點，也要以你們革命青年自己，來做這一連串戰鬥中創造新中國的主流。」大家在這一起點上起步，最重要的，就是：

端正國家的觀念——凡百事務，對國家民族有利的，斷然去行，對國家民族不利的，斷然不去行，事事有個國家民族利益在，那一切作為，亦即自然體現其愛國家愛民族的精誠大義。

開擴人生的視野——敞開胸襟，豎起脊樑，把人生的視野，推廓到社會之中，推廓到千載之上，推廓到大陸一千一百萬平方公里之闊。不再局限在一己的利害，不再局限在一時的得失，把青年自己的生命，投入國家社會生命的長江大河之中。

發揮知識的力量——青年要弋取知識，知識就是力量，所以青年們要不斷的充實自己的學識，還要奮勉向學，增益其所不能，並以全部的學識，投射在社會建設

的基礎，使社會建設向上發展，向下紮根。

　　青年同學們！大陸共匪以青年為工具為手段，壓榨青年的勞力，戕害青年的身心，所以我們要結合海內外青年的力量，來摧毀大陸共匪偽政權，解救大陸青年；我們在復興基地，是以青年為目的、為本位，要促使青年身心的自由發展，謀取青年的最大幸福。所以政府有責任使青年們有良好的教育設施，有健全的事業發展基礎，有安定的社會生活環境。而青年們亦就有其責任，來和政府一齊努力，共同致力於教育設施的改良，事業發展基礎的健全，社會生活環境的安定。這就是說，政府愛護青年，啟導青年，培植青年，使民族新生的一代，成為朝氣蓬勃蔚起勿替的一代；而青年們更要以共同參與建設社會，貫徹國策、實踐三民主義、促使民族復興為樂事、為職志、為光榮。

　　青年同學們！今天大家結束六個星期文武合一的教育訓練，深信大家必定能夠更加精誠團結，切切實實的把今天作為「一連串戰鬥新事業的起點」，而亦必人人更加誠摯純潔，切切實實的「以青年自己來做這一連串戰鬥中創造新中國的主流」，那大家今天結訓，也就是大家邁向前程，走上成功之路的開始！

8月8日　星期二

上午

十時，在國防部主持軍事會談。

8月9日　星期三

上午

九時，主持中常會。

常會後，接見徐副院長慶鐘。

8月10日　星期四

上午

八時三十分，邀請公私立大專校院長、教授，在總統府舉行第九次學術與教育性座談會，就師資、設備、課程、教材、教法以及建教合作等方面問題，交換意見。

十時三十分，約見軍方調職人員。

十一時三十分，接見立法委員吳延環、海外學人楊日旭等。

中午

十二時三十分，在三軍軍官俱樂部，與參加國民大會憲政研討會第四十五次綜合會議之委員共進午餐。對各位委員溽暑從公，表示佩慰。

8月11日至13日　星期五至日

【無記載】

8月14日　星期一

上午

天主教中國主教團與臺北總主教區聯合主辦之教宗保祿六世追思大典，上午十時在國父紀念館舉行，由羅光總

主教主持。總統親自參加祭禮致敬。

十一時三十分，在府內接見蒲仲強與其雙親，以及魏重慶夫婦。曾以總統蔣公紀念金幣分贈蒲魏二人，表示嘉勉。（蒲仲強為旅美長跑小將，魏重慶為橋牌名家。）

8月15日　星期二

上午

九時，在府內接見美國專欄作家雷滋爾夫婦。

九時三十分，見徐亨（奧委員執行委員）。

十時，主持財經會談，聽取經濟情勢報告，以及十二項建設中關於改善農田排水與修建海堤河堤工程計畫的簡報。

下午

五時，約見臺北市長李登輝。

六時，至臺北賓館，參加孫院長為國建會舉行的遊園餐會，致詞勉勵海外學人，把愛國心永留在祖國，並與海內外所有軍民同胞更加緊密的團結在一起，共同奮鬥，使國家日益強大，社會更富強康樂。

今日明令任命第六屆考試院正副院長暨考試委員。

總統令　六十七年八月十五日

　　第五屆考試院院長楊亮功、副院長劉季洪，任期屆滿，均應予免職。特任劉季洪為第六屆考試院院長，張宗良為副院長。

總統令　六十七年八月十五日

　　第五屆考試院考試委員成惕軒、馬漢寶、周肇西、張邦珍、陸錫光、張光亞、康代光、李煥燊、賈馥茗、劉象山、賴順生、華仲麐、侯暢、張則堯、盧衍祺、金祖年，任期屆滿，均應予免職。特任張光亞、丁中江、馬漢寶、黃棟培、賈馥茗、成惕軒、華仲麐、盧衍祺、金祖年、張則堯、侯暢、王德馨、周恆、李世勳、傅肅良、楊必立、劉象山、賴順生、康代光為第六屆考試院考試委員。

8 月 16 日　星期三

上午

九時，主持中常會。

常會後，約見駐薩爾瓦多羅大使友倫、宜蘭縣長李鳳鳴。

8 月 17 日　星期四

上午

九時，約見軍方調職人員及衛戍師師長汪多志。

十一時三十分，接見旅美學人李固州夫婦及徐雲溪。

下午

五時，接見美國參議員伊斯特蘭，曾就當前世局以及中美關係，共同交換意見。（伊斯特蘭屬美國民主黨，現為美國參議院副議長、司法委員會主席。）

8月18日至19日　星期五至六
【無記載】

8月20日　星期日
一九七八年世界青棒與青少棒之冠軍賽，今晨在美進行，我隊均衛冕成功，總統特分別致電祝賀。

8月21日　星期一
下午

四時起，約見行政院各部會次長劉兆田等。

8月22日　星期二
上午

九時，接受韓國國家電視公司新聞評論員金泰弘之訪問。強調自由必能戰勝暴力。並說明國家體制決不改變；反共復國目標決不放棄；堅守民主陣營，不與共黨往來；對大陸共匪絕不妥協，而且要奮鬥到底。

九時四十五分，見空軍總司令烏鉞。

十時，主持軍事會談。

十一時三十分，約見陳雪屏、徐鼐。

下午

四時，在府內邀請國內工商界人士座談，聽取業者意見。並希望企業界應重視人力資源、辦好職業訓練，培養國際貿易人才，不斷提高工業產品品質及照顧農民的利益。

接受韓國國家電視公司新聞評論員金泰弘訪問

問：首先恭祝閣下就任中華民國總統，並感謝撥冗接
　　見。請問閣下就任總統後的基本政策如何？

答：謝謝金先生的道賀，我們中華民國的基本國策可以
　　從四點來說明：

　　第一、 中華民國憲法所規定的國家體制決不改變。

　　第二、 我們決不放棄反共復國的總目標。

　　第三、 我們始終站在民主陣營的這一邊，決不同
　　　　　任何共產政權、集團來往。

　　第四、 我們對竊據大陸的共匪偽政權決不妥協，而
　　　　　且要奮鬥到底，達到我們統一中國的目標。

問：請問閣下所強調之國家建設及反攻大陸政策如何？
　　又未來國家目標為何？

答：我們國家的建設是一項長期的建設，所以我們有
　　一個長期的建設目標，這個目標一方面使復興基地
　　——臺灣、澎湖、金門、馬祖同胞們都能享受到繁
　　榮、自由的生活，同時也要告訴大陸上的同胞，只
　　有追求自由的生活方式，才能擺脫共產黨的統治。
　　我們也要用這種政治的號召來喚醒大陸同胞，反抗
　　共產政權。此外，我們還有一個最終的目的，就是
　　實行三民主義，統一中國，建立一個自由、平等、
　　強大的中華民國。

問：中共目前之變遷，諸如華匪國鋒政權之竄起及採取
　　實用路線，請問閣下對此動向之評估及看法如何？

答：目前中國大陸內部的政治、經濟、軍事都是面臨
　　著極大的問題，他們為了要維持現在的統治，不能

不暫時做一個內部妥協，但這種妥協是一時的，絕
不能持久，最後內部還是要發生嚴重的衝突。他們
現在常講「現代化」，事實上，任何「現代化」必
須要有自由的制度做為基礎，如果沒有自由就沒有
「現代化」，所以在一個專制、暴力統治的制度
之下，根本談不上「現代化」，「現代化」不過
是他們拿來欺騙大陸同胞，以及攏絡大陸同胞的
口號罷了。

問：閣下認為一個實質「中、蘇衝突」是否存在？若
　　然閣下對此問題之立場為何？倘不存在，其原因
　　何在？

答：所謂「匪俄的衝突」，一般人都以為是國家與國家
　　之間、民族與民族間的衝突，這個觀念基本上是錯
　　誤的。事實上，這是它們共產集團內部爭奪領導權
　　的鬥爭，所以談不上是國家與民族的問題，而是它
　　們互相之間爭奪在亞洲，甚至爭奪在世界的共產主
　　義運動中的領導權。由於爭奪領導權關係到它們的
　　生死存亡，所以他們一定會拚到底，而這種拚到底
　　也正可以說是象徵了它們內部的分裂，已到了一個
　　無法收拾的局面。

問：閣下對美國自韓撤軍之政策的觀點如何？閣下是
　　否認為此舉將影響韓國安全及東北亞地區整體的
　　穩定？

答：韓國的安全不但關係到亞洲的安全，也關係到整個
　　世界的安全。美國在韓國不但不能減少其武力，
　　而且應當加強其在韓國的力量，以阻止共黨力量

的南侵。

問：國際政治結構已急遽變化，請問閣下對未來世界秩序的發展之觀點如何？

答：當然，今天世界情勢變化很多也很大，可以說時時刻刻都在變化之中，不過我們在基本上要了解一點，國際政治結構不管如何變，基本上，我們所面臨的是共產同反共產，奴役同反奴役，自由同反自由的鬥爭。我們中國人，我相信，也是所有東方人都有一項基本信念，就是正義一定會勝利。因此，在這個觀點上，無論世界怎麼樣變化，我們認為自由的力量一定能夠戰勝暴力，我們自由世界一定能夠打敗共產世界。

問：在經濟方面，本人相信貴我兩國之快速經濟成長均享譽國際，請問此種發展的主要因素如何？

答：大韓民國經濟年來發展快速，本人認為其成功因素第一是由於朴大統領強有力的領導，第二是貴國有長期、週密、詳細的計劃，第三是大韓民國全體國民的勤勞努力，一致支持政府。所以我認為貴國經濟上的成功也是政治上的成功。

問：以韓國為例，請問閣下對朴大統領不斷追求經濟成長及國家安全的卓越領導能力的看法。

答：朴大統領當選大韓民國新任總統，我們中華民國政府及人民不但感到高興，而且感到興奮，因為朴大統領不但對大韓民國建設方面有卓越的成就，而且對亞洲安定與和平，也有非常大的貢獻，相信大韓民國在朴大統領的繼續領導之下，一定能夠成為更

堅強、更安定的國家，本人亦當格外的向朴大統領
道賀。

問：閣下對國家安全與政治穩定，及經濟發展與政治領
導間之交互關係有何論點？

答：經濟與政治是不能分的，經濟發展的目標是為了達
成政治的目的，政治是支持經濟發展的動力，所以
我們所從事的是有計劃、有目的的經濟建設，也可
以說是一個為國為民的經濟建設。在此情況之下，
我們深深感覺到建設一個國家的四個重要因素：
第一是經濟，第二是政治，第三是教育，第四是
國防。這四種力量必須要結合在一起，國家才會
強盛。

問：由於中、韓兩國利害與共，請問應如何加強貴我兩
國相互利益之合作關係？

答：大韓民國與中華民國無論在那方面都有很多相同的
地方，尤其在思想、哲學、社會的觀念方面，這是
過去我們兩國之間所以能密切合作的基礎，過去我
們兩個國家已經有了堅固的合作基礎，相信今後兩
國面對今天世局的變化，以及我們兩個國家所面臨
的許多共同問題，一定能夠更進一步地合作，使得
兩國間的友好關係，一天一天的加強。

問：今年是韓國人民慶祝建國三十週年，閣下能否對韓
國人民發表賀詞？

答：大韓民國三十年的堅苦奮鬥過程中，有成功的時
候，也有遭遇挫折的時候，但是不論成功與挫折，
都是光榮的。大韓民國為了自己的獨立、統一、自

由而始終奮鬥不懈，這三十年的堅苦奮鬥中，給大
韓民國政府與人民帶來更堅強的信心——就是奮鬥
到底一定能成功。在朴大統領英明領導之下，我堅
決相信大韓民國的人民一定能夠抵抗共黨的侵略，
而且達到統一韓國的最終目標。

8 月 23 日　星期三
上午
九時，主持中常會。
十一時二十分，前往南非駐華大使館簽名悼念因病逝世
之南非共和國總統狄德瑞契。朴多利大使在場接待。

8 月 24 日　星期四
上午
十時，接見奧地利維也納中國文化研究所會長溫克勒
教授。
十時三十分，約見軍方張嚴等三人。

8 月 25 日　星期五
上午
天主教于斌樞機主教追思彌撒大典，於上午八時三十分
在臺北市國父紀念館舉行。總統於十時抵達會場向于斌
樞機遺像獻花致祭。
十時三十分，在府內以特種大綬景星勳章頒贈哥斯大黎
加共和國副總統阿法若。另以大綬景星勳章分別頒贈該
國經濟工商部部長阿德曼及農業畜牧部部長馮瑟卡，

以表彰彼等對促進中哥友誼與農經技術合作所作之卓
越貢獻。

十一時三十分，接見智利總統府秘書室青年計劃活動局
局長雷哥德等二人。

下午

四時，在大直寓所觀賞電影。

8月26日　星期六

上午

十時，乘專機前往南部。

下午

三時，至高雄縣政府，因值週末，僅與值班人員談話後
離去。

三時十分，冒雨巡視高屏大橋工地，慰問施工榮民之
辛勞。

三時四十分起，先後巡視臺糖六塊厝養豬場、屏東榮
家、麟洛糧倉、東港水產試驗所、東港區漁會及擴建中
之漁港等處。

六時，在高雄市圓山飯店召見高雄市長王玉雲，囑對農
工及低收入民眾生活，多加照顧。

8月27日　星期日

我屏光少棒隊今晨在本年世界盃少棒冠軍賽中，亦衛冕
成功，總統特馳電祝賀。

今日致電義大利威尼斯樞機主教魯西安尼，祝賀其當選
為二六三任新教宗。

上午

八時五十五分，蒞臨臺南市延平郡王祠，參觀鄭延平王
三百五十四週年誕辰紀念典禮，並行禮致敬。

九時十五分，抵達臺南市政府，在貴賓室接見今年當選
之十大傑出農家——魏烈郎、廖學榮、黃應城、劉建
元、張天助、劉金泉、謝羅星、黃清海、趙柯玉燕、陳
蒼火等，嘉許彼等之卓越表現，並勉勵繼續努力，以農
業發展來帶動工業之蓬勃進步，以厚植國家力量。隨後
在市府聽取市長蘇南成之市政報告，並有所垂詢。

九時四十分，離開臺南市。

十時二十分後，至麻豆鎮訪問果農；至北門鄉臺灣省烏
腳病防治中心，慰問病患；並轉往布袋鎮巡視港灣建
設，檢閱海上警備隊。

下午

一時，巡視東石鄉漁會漁港，探視漁民生活。

二時五分，巡視朴子鎮家畜市場、果菜市場及農機推廣
中心等處。

三時十五分，蒞臨北港媽祖廟，受到萬千香客與民眾之
歡呼。總統亦向大家問好。

四時許，至雲林口湖鄉後厝村鄭豐喜之故居，慰問其遺
屬。（時鄭之遺孀及二女均不在家）

8月28日　星期一
下午

四時，在府內見行政院各部會次長杜均衡等。

8月29日　星期二
上午

九時，接見美國民主黨全國委員會訪問團十八人。

九時四十五分，約見前考試院長楊亮功。

十時，舉行國父紀念月會暨新任考試院院長以及十九位第六屆考試委員宣誓典禮，由總統主持並監誓。

十時四十分，以茶會款待考試委員。

十一時後，見內政部長邱創煥及教育部長朱匯森。

下午

四時，見司法行政部長李元簇。

四時三十分，接見榮獲世界冠軍之中華青棒、青少棒兩支代表隊全體隊職員和家屬。勉勵小國手們繼續努力，再求精進。並以手著「風木孝思」一書與蔣公九秩誕辰紀念金幣分別贈與兩隊全體隊職員和家屬。

五時後，約見交通部長林金生、僑委會委員長毛松年。

8月30日　星期三
上午

九時，主持中常會，曾指出電視節目內容離不了「哭」、「打」、「扭」三個字，對社會將有非常嚴重

的影響。希望三個電視公司負責人，了解中央的政策，一致合作，來從事改革。另有一些電視廣告，利用中、小學生穿著制服參加表演，更是不妥。應請行政院交有關單位分別處理。

常會後，見組織工作會、大陸工作會、海外工作會主任、副主任。

8 月 31 日　星期四

上午

九時，在府內邀集公私立大學校院長、教授，舉行第十次學術與教育性的座談。期免教育界同仁不斷改進教材教法，向下紮根，向上發展，使學校教育、學生輔導、生活教育、家庭社會教育打成一片。

十時，約見孟述美等五人。

十一時，見臺北縣長邵恩新。

9月1日　星期五

上午

九時三十分，見國防部長高魁元。

十時，接見美國海軍第七艦隊司令佛雷中將。曾就加強中美軍事合作等問題，共同交換意見。

今日曾以一萬磅西瓜，致贈第七艦隊旗艦「奧克拉荷馬城」號官兵。

十時三十分起，先後接見蔣碩傑、吳大猷、徐賢修三位。

9月2日　星期六

【無記載】

9月3日　星期日

上午

七時三十分，在三軍軍官俱樂部以早餐款待國軍英雄、莒光連隊長、優秀互助組長與敬軍模範，並勉勵彼等要發揮大無畏的精神，完成救國救世的重責大任。

十時，蒞臨國民革命忠烈祠，主持中樞秋祭革命先烈及陣亡將士大典。

9月4日　星期一

下午

六時，教廷駐華大使館代辦吉立友舉行慶祝新教宗若望保祿一世就職酒會。總統親往致賀。

9月5日 星期二

上午

九時，見黃秘書長少谷。

九時三十分，接見今年贏得世界少棒賽冠軍之中華屏光少棒隊全體隊職員及其家屬。期勉小國手們今後不但要鍛鍊體魄，勤練球技，更要努力求學，才能為國家社會有更大的貢獻。

接見歷時四十分鐘，總統曾以手著「風木孝思」一書與總統蔣公九秩誕辰紀念金幣分贈該隊全體隊職員。對最近喪父之隊員潘朝明，另贈送新臺幣一萬元慰問金，勉勵其好好讀書，孝順母親。

十時，主持財經會談。提示財經主管部門，應簡化法令手續，改善投資環境，增加農民收益，改進稅務行政，以加速經濟建設。

十一時三十分，見崔德禮。

財經會談六項提示

一、為了加速各項經濟建設，今後應繼續大量吸收外資及僑資。為達到此一目的，自須積極改善投資環境，簡化不必要的繁複手續，並對各項有關投資的法令規章加以徹底檢討改革。

二、目前農民收益雖有增加，但與工商業比較，仍屬相對偏低，為使經濟建設成果確能公平共享，應即加強各種政策作為，以提高農民收益，促進工農平衡發展。

三、今年由於豐收，而有糧食產量過多的現象，以致穀

價下跌，政府應採取必要措施，使農民不致因穀賤
遭受損失。

四、由於經濟發展快速，對於不合於經濟發展現況且有
礙於經濟建設的稅務法令規章，應即徹底研究其存
廢改進，而對稅務行政亦應注意適時改革。

五、任何財經措施在未決定之前，應作週詳研究；決
定實施之後，更應有充分的作業準備；一旦付諸實
施，則積極貫徹，絕不輕易變更。

六、今年中秋即屆，為使民眾秋節歡樂愉快，有關部門
對於各種民生日用品，應積極的籌劃，充分供應。

9月6日　星期三

上午

八時，在中央黨部見臺灣省北部地區各縣市黨部主任
委員。

九時，主持中常會，為針對共匪對外政策的轉變，曾就
我們參加國際性會議，向外國銀行貸款，以及爭取共匪
留學生等問題分別有所提示。此外對增額中央民意代表
的選舉，期勉全黨要本著大公無私、光明磊落的態度，
來達成黨的任務。

常會後，見文化工作會、社會工作會、青年工作會主
任、副主任楚崧秋等。

9月7日　星期四

上午

九時，見殷惟良（新聞局駐倫敦辦事處主任）。

十時，見軍方人員游傑士等二員。

十時三十分後，接見顏元叔、文崇一等二位。

十一時三十分，接見美國德克薩斯州議會議長柯萊頓夫婦及阿肯色州議會議長夏佛及下屆議長當選人米勒。

下午

三時，在中央黨部主持中央工作會議。

會後見連戰、張豫生等五人。

9月8日　星期五
上午

九時，在府內接見美國大使安克志。

九時三十分，見政務委員周宏濤。

十時，接見美國商業銀行總裁柯勞森。

十時三十分，見聯勤總司令王多年。

十一時，見政務委員張豐緒。

9月9日　星期六
上午

十時三十分，蒞臨彰化市，參觀甫整修完成之孔廟。隨後至和美、線西、鹿港、溪湖、員林等鄉鎮和沿海地區，親切地與基層公務人員、工人、農民、家庭主婦、海防哨官兵、漁民、養鴨人家、商人、學生及兒童等問好，詢問其生活情形，每到一處，均受到民眾熱烈歡迎。

下午

四時，抵南投之竹山鎮，訪問前縣議會議長陳望雄及劉陳罔老太太，分贈月餅，祝賀秋節；並至鹿谷鄉建成茶行飲茶後離去。

9月10日　星期日

上午

八時三十分，至溪頭青年活動中心參觀，與青年學生及遊客等親切交談。

九時四十五分，先後至鹿谷鄉之瑞田、秀峯、初鄉等村參觀社區建設，訪問農民住宅，了解其生活情形。

十一時二十分，轉往竹山鎮，至瑞竹林業生產合作社巡視，對該社過去協助地方建設甚表讚揚。

下午

四時，在日月潭涵碧樓召見臺中市長曾文坡，詢問市政建設情形，並有所指示。

9月11日　星期一

上午

九時許，蒞臨南開工專及旭光國中巡視，詢問學生學習狀況，受到師生熱烈歡迎。

九時五十五分，至臺中市政府，聽取曾市長之市政簡報，並有所提示。

十時四十分，抵達省黨部，約見中部地區六個縣市黨部之主任委員，勉勵彼等發揮高度服務精神，促進地方建

設，為民眾謀求更多福利。

中午

在省黨部與參加黨政工作會議人員共進午餐，並勉勵彼
等應在和諧的原則下，謀求地方之團結與進步。

十二時三十分，抵臺中縣政府巡視，指示陳孟鈴縣長加
強農經發展及地方建設，以照顧民眾生活。

9 月 12 日　星期二

上午

九時，在中央黨部接見日本國會議員訪華團町村金五等
一行。

十時，在國防部主持軍事會談。

十一時，見駐教廷大使周書楷。

9 月 13 日　星期三

上午

八時三十分，在中央黨部見孫院長運璿。

八時四十五分，見魏顧問景蒙。

九時，主持中常會。

常會後，見婦女工作會主任、副主任暨財務委員會，黨
史委員會主任委員、副主任委員。

下午

四時三十分，在府內接見美國國會圖書館館長布斯汀
夫婦。

五時，接見韓國國會議員訪問團團長崔榮喜等六人。

9月14日　星期四

上午

九時，在府內見軍方調職人員史葳林等八人。

十時，接見大學教授李亦園、胡佛、張存武等三人。

十一時三十分，接見美國駐華大使館副館長布朗。

下午

四時三十分，接見尼加拉瓜經濟工商部部長布蘭索。

五時，接見辭職返國之韓國駐華大使金桂元。

9月15日　星期五

【無記載】

9月16日　星期六

上午

蒞臨金門前線，向金門軍民同胞祝賀中秋佳節。

9月17日　星期日　中秋節

上午

自金門飛返臺北。

9月18日　星期一

【無記載】

9 月 19 日　星期二

上午

九時，在府接見阿根廷第一軍軍長蘇阿瑞。

九時三十分，接見美國經濟學家弗利曼博士夫婦，曾與弗氏就當前國際經濟狀況以及我國經濟發展情形，共同交換意見。

十時，主持財經會談，聽取最近之經濟情勢報告。

9 月 20 日　星期三

上午

八時，在中央黨部見南部地區縣市黨部主任委員。

九時，主持中常會。

常會後，見考核紀律委員會、政策委員會及秘書處正副主管。

9 月 21 日　星期四

上午

九時，約見教授施敏雄、黃昆輝。

十時，見軍方調職人員汪夢泉等二十人。

十一時三十分，見胡公使旭光。

下午

四時，見陸軍第二十軍軍長孟憲庭等四人。

五時，見東海大學教授馮滬祥。

五時三十分，接見美國藍辛市市長葛瑞德夫婦。

9月22日　星期五

上午

九時，至林口長庚醫院醫療中心訪問，該中心負責人王
永慶在場陪同參觀。總統對該中心之設備與規模，表示
讚許。同時希望該院的經營，不僅做到現代化，還要能
夠大眾化。隨後並轉往南亞塑膠公司林口廠參觀。

十時四十分，至桃園，參觀新光紡織公司桃園工廠，並
由該公司董事長吳火獅陪同至中壢參觀其合成纖維工
廠，曾稱許該兩廠為進步的企業經營。

中午

與合成纖維工廠全體男女工人同進午餐。

下午

一時左右，至中壢參觀六和汽車公司工廠。隨後至大園
鄉五權綜合示範村，訪問農民陳萬福，參觀其養豬、養
鴨及養魚情形。

三時，至桃園縣立體育場，參觀正在舉行之全縣運動
會，受到觀眾與運動員熱烈歡迎。總統亦向大家揮手致
意，並且觀看節目的進行。

四時，離開桃園，返回臺北。

9月23日　星期六

上午

八時三十分，乘專機往陸軍成功基地。

十時，主持六十八年度大專學生集訓第二梯次結訓典

禮，勗勉青年學生要有光明磊落的胸襟，要有大公無私的態度，要有精益求精的方法，要有不屈不撓的毅力，復興民族國家，開創新的時代。

下午

一時，抵澎湖巡視，行政院孫院長亦到達澎湖，在第一賓館聽取澎防部司令官之簡報。曾殷殷垂詢農漁民生活及生產狀況；並指示有關單位能以興建水庫或其他方法，迅速解決居民飲水問題。

9 月 24 日　星期日

上午

與孫院長返回臺北。

9 月 25 日　星期一

中午

蒞臨全國勞資關係研討會，與參加人員共進午餐，並致詞勉勵工商企業人士，應當勞資雙方結為一體，密切合作，發展經建與公益事業，推行資本大眾化，把工廠辦得像一個學校、一個家庭，而使勞工能貢獻更大的力量於生產。

9 月 26 日　星期二

上午

九時三十分，在府接見史瓦濟蘭王國總理馬佩夫親王等一行，曾就當前世局以及更進一步促進中史兩國友誼，

共同交換意見。

十時，在國防部主持軍事會談。

會談後，見海軍總司令鄒堅。

下午

五時，約見吳三連。

五時三十分，見沈克勤。

9 月 27 日　星期三

上午

九時，主持中常會。

常會後，聽取黨部簡報。

9 月 28 日　星期四

上午

九時，在府約見臺北市公私立高級中學校長十人。曾以
「建國的根本在教育」和「多難興邦」之義，勉勵教師
們重視民族精神教育和品德，以愛心和耐心教育青少年
學生，為國家培育新生的一代。

十時，在府內大禮堂主持大成至聖先師孔子誕辰紀念典
禮。在典禮中，由考試院長劉季洪以「儒家的淑世精
神」為題，發表演講。

9 月 29 日　星期五

天主教宗若望保祿一世今日因病逝世，總統特電致唁。

9 月 30 日　星期六

上午

九時十分，蒞臨新竹縣香山鄉香山坑，參觀瑞翔企業公司產品「伍氏動力搬運車」，曾親自登車駕駛，對其操作簡便表示讚許。隨後轉往新竹市郊食品工業發展研究所及竹東鎮頭重埔工業技術研究院電子研究中心兩處參觀其研究成果。

下午

一時許，在新埔鎮訪問農民馮雲禮、劉吉堂。旋赴枋寮褒忠義民廟參觀，並至廟後向「褒忠義民總塚」行禮致敬後離去。

今日致電南非伏斯特，祝賀其當選南非共和國總統。

10月1日　星期日

【無記載】

10月2日　星期一

上午

九時，親往教廷駐華大使館，簽名悼念天主教宗若望保
祿一世之喪。教廷大使館代辦吉立友曾在場接待。

下午

四時五十分，至國立歷史博物館欣賞畫家歐豪年之畫
展，對歐之作品及畫風的讚賞有加。

10月3日　星期二

上午

十時，在國防部主持軍事會談。曾對參加「漢威演習」
之部隊官兵表示慰勉。並且表示：「漢威演習」為國防
部當前重要工作，也是對國軍戰力等多方面的考驗，須
提高警覺，加強戰備，集中力量，分工合作，使此次閱
兵能有更佳表現，以鼓舞民心，昂揚士氣。

10月4日　星期三

上午

九時，主持中常會。

常會後，見花蓮、臺東、澎湖三縣縣黨部主任委員。

10 月 5 日　星期四
上午

十時三十分起，見警備總司令汪敬煦、臺視董事長許金德、成功大學校長郭為藩及考試委員丁中江。

下午

三時，在中央黨部主持中央工作會議，曾提示四點：

一、黨的團隊精神之建立，是衝破一切困難的動力。

二、從最近破獲的一件匪諜案檢討，一般同志警覺尚不夠高，我們必須引為殷鑑，提高敵愾的心理。

三、華僑回國參加十月慶典，務必妥為接待，使他們能帶回去對本黨和國家良好的印象。

四、今年紀念總裁九二誕辰，高速公路全線通車及蘇澳軍港建設完成，足以告慰總裁在天之靈。希望大家繼續遵照遺訓，完成各項國家建設。

五時，乘專機赴高雄。

10 月 6 日　星期五
上午

八時，至高雄澄清湖童子軍全國大露營營地巡視，並致詞勉勵中外童子軍要發揮大智、大仁、大勇的精神，孝順父母，努力讀書，克服困難，為國家同胞做更多的服務。

十時二十五分，至高雄五福三路，慰問中央評議委員陳啟川。

10月7日　星期六

上午

八時，由秘書長蔣彥士及臺北市長李登輝等陪同，分別巡視了臺北市各項公共建設及中正紀念堂施工情形。並指示市府今後應繼續加強辦理公共設施，擴大績效，為市民服務。

十時三十分，至省立博物館參觀旅美畫家周士心畫展。因關切海外藝術家之近況，曾向周氏詢問甚詳。

10月8日　星期日

上午

八時四十五分，飛抵臺東即沿海岸公路北上，首先抵達東河鄉，訪問山胞李光輝，未遇。隨後巡視鄉公所等單位，並參觀東河社區。

十一時，抵成功鎮，參觀新港漁港擴建工程。

十二時四十五分，至花蓮豐濱鄉磯碕村，參觀花蓮漁業開發公司之養殖場。然後至上鹽寮海防班哨慰問戍守之官兵，垂詢其生活情形。

下午

三時，抵花蓮市，先後巡視海濱公園、義胞國民住宅、陸軍八〇五總醫院。

10月9日　星期一

下午

三時，至中華體育館，在歡迎僑胞回家參加雙十國慶四

海一心聯歡大會上，致詞期望海外僑胞，團結一致，堅定信心，完成復國建國大業；並以梅花說明中華民國的精神，讚揚僑胞在國家處境越是艱難困苦的時候，其愛國行動也越是積極。致詞後並與一萬多位僑胞一同觀賞兩個小時的表演。然後在全場如雷之歡呼聲與掌聲中離去。

五時許，接見美國前眾議員周以德先生。

10 月 10 日　星期二

今為中華民國六十七年雙十國慶紀念日，特發表祝詞，勉國人為反共復國奉獻心力。

上午

九時，在府內大禮堂主持中華民國六十七年國慶紀念典禮，並致祝詞，最後領導大家高呼「三民主義萬歲」！「中華民國萬歲」！

九時三十分，在大會客室接受外賓觀賀。

十時，蒞府前廣場閱兵臺，主持國慶閱兵，並於分列式後，致詞期勉海內外同胞，精誠團結，奮發圖強，創造形勢，消滅共匪，重整中華河山，拯救大陸同胞，達成最後的永遠屬於我們的勝利。

親校後，特囑有關單位優予犒賞受校部隊，藉慰辛勞。

下午

四時二十分，冒雨至慈湖，恭謁蔣公陵寢祭告。隨後轉赴大溪鎮訪問。

致函空軍官兵，以今天空中分列式，雖因天候影響未能
實施，但對其準備工作之週密，特予慰勉。

今日並以慶祝國慶盛況，電告在美之蔣夫人。

雙十國慶祝詞

　　中華民國的雙十國慶，是我全國同胞無比光榮、無
限歡欣的日子，這個日子代表著國家一頁又一頁光輝與
苦難交織的歷史，也反映了中華民族堅忍剛毅、正氣浩
然的崇高性格。

　　六十七年前的今天，國父秉大仁大智大勇，結合無
數革命志士，為救國救民，歷盡艱辛，締造了亞洲第一
個民主共和國家。但是內憂外患，使國家仍無寧日，總
統蔣公繼志承烈，以大擔當、大毅力、大無畏的獻身精
神，領導國民革命，堅苦卓絕，終於完成北伐、抗日、
行憲等偉大使命，也為反共復國立下堅強不拔的復興基
地。這些史實，充分說明了中華兒女對國家民族責任的
自覺，對天下興亡的勇敢承擔，也象徵著仁者無敵、正
義必勝的必然結果。因之，雙十國慶的意義實在是多重
的，那不僅帶給我們節日的歡慶，也使我們得到責任
的啟示，行動的鞭策和成功的鼓舞。尤其在這北伐統
一五十週年的今年國慶，更增加我們對這體認的深刻
激勵！

　　今天敵人共匪的暴政還沒有消滅，自由世界的姑息
逆流也還未消失，我們國家民族又正面臨著較前更為嚴
厲的考驗，而迎接這一考驗的重責大任，正落在我們海

內海外所有愛自由、愛民主、反共產、反奴役的每一個
中華兒女肩上，凡是有血性、有正義的炎黃子孫，必當
踏著先賢先烈愈挫愈奮、勇往直前的足跡，以反共復國
為己任，為這神聖使命而奉獻一切心力！

現階段國民革命的總目標，是實踐三民主義，光復
大陸國土，把我們復興基地仁政建設的規模和成果，推
展到故國河山的每一角落，使所有中國同胞都能共享三
民主義自由民主、安和樂利的生活，都能重獲中華文化
的精神力量。我們深信，只要大家歸向在這一總目標之
下，齊一意志、堅定信念，親愛精誠、團結奮鬥，有志
者，事竟成！

我們誓願要使青天白日永遠照耀出雙十國慶的萬丈
光芒，更要使未來世代的中華民族永遠康樂富強。讓我
們一同祝福中華民國國運昌隆！也讓我們來齊聲高呼：

三民主義萬歲！

中華民國萬歲！

閱兵大典致詞

親愛的同胞們、各位來賓：

今天雙十國慶我們舉行閱兵大典，在雄壯的行列
之中，

——有我們陸軍、海軍、空軍、聯勤和警備部隊的
官兵，

——有我們金門馬祖前線的戰士，

——有我們在復興基地的後備軍人，

——有我們在各個戰線上為國家奮鬥的傑出代表。

　　剛才在閱兵分列式裡，看到大家步伐整齊、精神昂揚、軍容壯盛，充分顯示了我們中華民國國軍訓練精良、士氣振奮；而從通過閱兵臺的各種武器，即使這是國軍全部裝備中的一小部分，也已經充分顯示了我們國軍自製武器的深厚潛力，顯示了我們國軍官兵使用現代武器的高度技能，特別是顯示了我們國軍在戰線上、在生產線上，組織嚴密、合作無間、意志集中、力量集中的戰鬥氣氛。國軍的革命精神配上新式的武器，就是戰無不勝、攻無不克的革命軍，一定能夠完成防衛復興基地、光復大陸國土、神聖的、光榮的歷史使命。

　　我要向全體參加閱兵的官兵們表示誠摯的慰問和謝意！

　　我們海內海外的同胞，從今天的閱兵大典中，也清清楚楚的看出來，我們的國家在進步，我們的社會建設在進步，我們國軍的戰力在進步，這些鐵的事實，說明了自己國家民族前途的光明和遠大！

　　同胞們！今天我們面對艱難的時勢，只要大家精誠團結、奮發圖強，奉行總統蔣公遺訓，一點一點努力、一步一步向前，克服困難、打敗敵人，那一定能夠創造形勢，消滅共匪，重整中華河山，拯救大陸同胞，達成最後的永遠屬於我們的勝利！

　　我們一齊來高呼：

　　反共復國勝利萬歲！

　　三民主義萬歲！

　　中華民國萬歲！

10月11日　星期三

上午

九時，主持中常會，於通過推薦參加中央民意代表增額選舉候選人名單後，曾發表講話，勉勵全體黨員，要在年底的選舉中，用「誠」與「信」和全體選民結合起來，以新作風、新氣象來完成這項重大任務。並且表示：海外各地僑胞熱烈慶祝雙十國慶，充分表現了僑胞們反共愛國的熱忱，實在是值得欣慰。今後我們要做更大的努力，奮勵自強，建設國家，以副僑胞的期望。

常會後，見陳水逢等五位。

中央常會談話

今天中央常會通過了本黨推薦參加今年中央民意代表增額選舉候選人的名單，我深深覺得，這是執政黨對國家建設盡責、對實踐政綱盡力所必要的措施，也是在民主政治中必須履行的一項莊嚴的責任。

同時，我也很高興看到這次登記候選人數眾多，充份顯示出本黨同志對於政治參與的熱烈意願，只是由於名額有限，而且為了希望友黨以及社會人士積極參加競選，若干選區本黨不擬推薦足額或者不予推薦，以致登記候選同志不能一一羅致，心中難免有遺珠之憾。希望這次未被推薦的本黨同志，本著一貫明大義、識大體、忠黨愛國的精神，繼續在各個不同的崗位上，為國家、為民眾服務，作更多更大的貢獻。

我認為本黨向選民推薦合於擔任各種公職的人才，完全是基於負責的精神，幫助選民達到選賢與能的目

的。所以辦理黨內候選登記和審查作業，十分謹嚴和慎重，也就是以全黨同志的多數意向來作為推薦的主要依據，這樣一方面可使全黨同志對候選人的反映意見普遍受到尊重，一方面使大家所公認的人才脫穎而出，為國致用。

幾十年來，本黨基於實現三民主義的理想，為建立民治、民有、民享的民主共和國一直繼續不斷的努力，以求確立一個健全的民主憲政基礎。我們又體認，透過公平、公開、公正的選舉，乃是走上現代民主政治常軌的必經之途。所以在選舉這件事上，尤其站在一個執政黨的立場，我們本著至公、至正的胸襟，開明開放的心懷，來為良好的政黨政治邁開大步。本此認識，在這通過本黨推薦候選人名單的今天，我願意以最誠摯的心情，由衷地提出幾點意見和願望，來和大家共勉。

對本黨各級黨部和同志而言，應當積極幫助受推薦的候選人作合法的競選活動，以期他們能夠順利當選。但必須本著不偏不私，光明磊落的態度，而不可存有患得患失的心情。因之，我要求所有同志，首須認清，本黨在這次選舉中，最重要的事，乃在如何高度發揮本黨為民服務的熱忱，並使選民對我們這種熱忱具有充分的信賴。在做法上，尤應坦誠檢討以往的缺失，要用「誠」與「信」和全體選民結合起來，以新作風、新氣象來完成這一重大的任務。

對所有候選人而言，我以為無論是政黨提名推薦的，或是自由參加競選的社會人士，除了當然要守法守分以外，更應建立起一個共同的觀念，那就是參加競選

的唯一目的，乃是為國為民服務來作奉獻。在獻身的前提下，這是盡責任，而非爭權利；所以大家要以國家利益為前提，不應存有任何私念。所以儘管個人所提出的政見或主張容有不同，如果彼此本著互信、互諒來從事競選活動，相爭而不敵對，做到所謂「揖讓而升，其爭也君子」那樣謙和的風格，必將大有助於社會的團結和諧，並使中華文化的傳統精神，在民主時代發揚出日新又新的意義和價值。

對全體選民而言，我希望大家能從多年來接受選舉的累積經驗中，一次比一次增進認識民主政治的真義，那就是把選舉交給選民的良知，去為國家選賢與能，使才俊人士能夠為國家社會所用。因之大家必當以客觀、超然、無私的立場，明辨是非，分清義利，投下神聖的一票，為自己選出真正能為民眾服務的代表，這是最真切，也最實際的民主教育，唯有從這親身體驗中，了解到選民自己就是決定選舉誰屬的有權者，才能珍視那張選票的純潔性和重要性，也才能使民主政治不斷地有實質的進步。

我時常在想民主政治的最可貴處在於容忍。雖然選舉容或有一時的得失，然而，今天我們是國難當頭，大敵當前，豈容我們言私？我們應當冷靜的深一層去思想，在同一反共陣營裡，唯有萬眾一心，才能克敵制勝；唯有相忍相讓，才能相輔相成。只要大家不存任何私念，摒棄一切私嫌，以合作互助來代替壁壘分明，就會大大增強了我們反共復國的力量！

今年的中央民意代表增額選舉，無疑將是對我們萌

芽中的民主幼苗又一次的考驗。我們深信，它將經得起考驗，並將繼續成長茁壯。因為我們大家都已牢牢記住，在此國家處境艱危的時刻，唯有本著風雨同舟，和衷共濟之義，彼此協力同心，才能衝破難關；也唯有緊緊把握住共同的信念，實踐三民主義，堅守民主陣容，才能圓滿成功。

10月12日　星期四

總統對今年雙十國慶前後，臺北市容與交通治安情況表示滿意，曾請行政院長孫運璿於今日院會中，代向李登輝市長面致嘉勉。

上午

九時，見軍方調職人員。

十一時三十分，見美國專欄作家克魯拉克將軍。

中午

十二時，見德國孟澤爾教授。

下午

六時四十分及稍後，分別以電話指示宜蘭縣長李鳳鳴、臺東縣長蔣聖愛、花蓮縣府主任秘書張文伯（縣長吳水雲因公至臺北）做好防颱工作，以保障民眾生命財產之安全。

10 月 13 日　星期五

今日各報批露總統最近答覆義大利新紀事日報記者倫卓·崔昂菲拉提出之書面問題（此項「書面訪問」已於十月十日刊載於米蘭新紀事日報），說明我中華民國對共匪叛亂集團絕不妥協的立場，決不改變。

答覆義大利新紀事日報記者倫卓·崔昂菲拉提出之書面問題

問：總統閣下，中共在國際舞台上所發動之外交攻勢，顯然是要向第三世界及所謂「不結盟」國家，以及公開親西方國家顯示其影響力。總統閣下，您是否認為此一政治攻勢除了企圖加強它與在當前潮流中一些不滿及反對蘇俄的國家之關係外，其目的也在於孤立貴國與西方之關係以及擴大中華民國與自由世界之間的政治裂痕？

答：這個問題可以分兩點來說明：對中共內部而言，由於大陸上所面臨的許多難題，如匪酋之間的權力鬥爭、農業、教育、經濟等等之失敗，使人民的生活更為窮困，已經到了天怒人怨的地步，由於此種種失敗，中共乃積極地在國際上發動外交攻勢，以求轉移人民的注意。對外而言，中共為了要減輕蘇俄的正面壓力，乃在世界各地，尤其是在歐洲給蘇俄製造困難。至於中共企圖孤立我中華民國的陰謀，絕無可能得逞，這可由近年來中華民國與世界各國在實質上的關係如文化、經濟、貿易等不斷地增強得到證明，就拿貿易而言，與中華民國有貿易關係

者已達一百四十餘國家及地區，其雙邊貿易總額，
一九七七年已超過一七六億美元，預計至今年年底
將超過二一〇億美元，此一數字，尤超過中共號稱
八億人口的對外貿易總額。在全世界貿易國家中已
列為第廿二位。

問：貴國雖已退出聯合國，且在工業及軍事大國中僅與
美國維持有外交關係，但貴國卻極成功的開拓與美
國及亞洲甚至歐洲國家之貿易及文化關係。閣下有
無計劃開展新的外交措施，俾便像貴國這樣的自由
國家，在國際機構以及與其他自由世界的外交關係
中能恢復應有的地位。

答：中華民國願意與世界上任何一個愛好自由、民主
的國家建立關係。基本上，國家與國家間關係的建
立，是以共同利益為基礎的。今天，中華民國在國
際社會中，已成為一個極具建設性的成員，本人相
信，我國與許多自由國家之間的關係，都會有友好
互惠的發展。

問：閣下是否認為亞洲的動亂情勢終於會有穩定的可
能，而使「兩個中國」能達成互不侵犯的「臨時
協定」？

答：我們一再提醒自由世界，亞洲動亂的禍根是由於
中共政權的侵略性與擴張性，中共一天盤據中國大
陸，亞洲一天就不得安寧，過去如韓戰、越戰均係
中共幕後導演支持，所以只要中共偽政權繼續存在
一天，亞洲局勢就無持久和平以及穩定可言。

此外，我們必須申明，所謂「兩個中國」「互不侵

犯」的說法，只是一些對中國問題缺乏認識的國際
人士一廂情願的想法，中共政權只是我們國內的一
個叛亂集團，我們不承認它有任何法律上的地位，
我們中華民國基本政策，是中華民國對共匪叛亂集
團絕不妥協的立場決不改變。

問：最近曾不斷傳說有關美國減少對貴國的援助（特別
是軍援）。設若遭遇侵略，貴國是否能足以自衛而
保持獨立及領土完整？閣下是否認為貴國在遠東非
共國家的防衛中能擔起重要的任務？

答：我國全國軍民團結一致，早有充分的準備及信心來
擊退中共匪軍的任何進犯。然而，我們亦需要自由
世界友好國家道義的、精神的，以及後勤的支援。
從韓國、日本一直到中華民國的臺灣省，形成一個
連鎖性的重要防衛線，我們強大的五十萬常備軍及
二百二十萬後備軍，是這一地區的和平安全不可或
缺的重要保障。

問：過去由於美國的態度及急與中共達成關係正常化，
中美關係曾有一段微妙而艱困的時刻。閣下認為此
等困難是否已克服？就目前而言，貴國與美國的關
係處於何種情況？

答：目前中美關係處於正常狀況，美國的國會及州議
會，對我國所表示的友誼，正反映了美國大多數人
民的共同意願。我們相信美國政府不會忽視這些事
實的。因為中美兩國之間的關係，歷史非常悠久。
中美兩國關係的變化，對整個亞洲有非常重大的影
響，美國政府不能不慎重。

問：總統閣下，貴國目前仍處於非常時期，即使從外表
　　看來此種情勢不易引人注意。請問貴國國內那一方
　　面（就各方面而言）會受到此種非常時期的影響？
　　依閣下之高瞻遠矚，中華民國未來更進一步邁向正
　　常狀態及民主化的可能性為何？

答：中華民國目前處於戡亂時期，盤據大陸僅一水之
　　隔之匪共，時刻不放棄攻佔臺灣的野心，因為大敵
　　當前，我們不能忽視國防，我們必須強大。更由於
　　中共已在偽「國務院」內設立「對臺工作小組」，
　　積極謀我，我們更須時刻防範敵人對我所進行的滲
　　透、分化、破壞和顛覆的陰謀，這是我們與其他國
　　家處境不同之處。

　　儘管情勢如此，我們對於貫澈民主憲政的努力，並
　　未一日稍懈。長期以來，臺灣地區各項民意代表
　　及地方政府首長的定期選舉，循例進行，人民已經
　　養成行使民權的民主風氣。今年年底，在臺灣、澎
　　湖、金門、馬祖地區又將實施中央民意代表的選
　　舉。同時，我們的法院，一向嚴格遵守審判獨立的
　　原則，人民的各種基本權利，都依照憲法得到法律
　　的保障。這是我們遵循先總統蔣公遺囑「實踐三民
　　主義，堅守民主陣容」的固定方向，今後我國將繼
　　續堅持此一方針是不容置疑的。

10月14日　星期六

上午

九時起，在府內分別接見立法委員鄧翔宇、陳顧遠、張

子揚、朱如松、徐亨等五位。

十一時三十分，見中央黨部秘書長張寶樹。

10 月 15 日　星期日

上午

十時，抵達基隆，即赴陳正雄市長宿舍，垂詢颱風災情；隨後轉往八斗子漁港巡視工程進度，慰勉工作人員。並到八斗子漁村訪問漁民，受到漁民熱烈的歡迎。

十一時十分，至漁市場，參觀卸魚情形，並詢問漁販目前漁獲及交易量如何。

十一時三十分，至仁三路之奠濟宮，與廟祝鍾達源下象棋。

十一時五十分，抵達新山水庫工地，巡視工程進展情形。並至大武崙社區，參觀勞工住宅，與居民閒話家常。

中午

十二時十分，轉往安樂示範社區，參觀新建成之國民住宅。

十二時三十分，離基返北。

10 月 16 日　星期一

【無記載】

10月17日　星期二

上午

十時，在府主持財經會談，聽取當前經濟情勢報告。並提示財經金融首長，注意預防持續出超可能產生之不利影響，儘可能鼓勵進口，並妥善運用由於出超所累積之外匯存底。

今日獲悉若望保祿二世當選新教宗後，曾去電致賀。

10月18日　星期三

上午

八時三十分，在府接見美國南卡羅萊納州州長愛德華。

九時，主持中常會。

常會後，見張寶樹、王任遠等。

10月19日　星期四

上午

十時，在府見軍方調職人員施光宗等五人。

十一時，見林大衛（土地改革訓練所理事會共同主席、美方理事）等六人。

晚

至國軍文藝中心，觀賞飛馬豫劇隊表演「莒光雄師復河山」。節目結束後，曾至後臺與演出人員一一握手慰勞。

10 月 20 日　星期五

上午

九時許，抵達宜蘭縣，首先訪問羅東鎮公所，聽取最近颱風過後羅東鎮區積水情形等報告。

九時四十分，至冬山鄉廣興溪旁巡視「鼻仔頭」堤防。並訪問附近之民戶。

十時許，抵達梅花湖三清宮，對秀麗景色深為讚賞。

十一時十五分，巡視蘇澳鎮公所，瞭解日前積水情形。並至南方澳漁港訪問漁民。曾與歸國僑胞廿餘人在街道上相遇，受到大家歡呼致敬。

下午

巡視蘇澳榮民醫院，慰問病患。

一時後，至五結鄉協和村巡視冬山河第一期整治工程情形。並先後訪問省立宜蘭農校、礁溪鄉公所、頭城鎮大溪漁港及仁澤社區等處。

三時四十分，離去。

10 月 21 日　星期六

上午

偕同秘書長蔣彥士蒞臨金門訪問，對於金門防務堅強，地方建設進步和社會生活安定的情形，表示嘉慰。

10 月 22 日　星期日

下午

離金返臺。

10月23日　星期一

下午

四時，作光復節講話錄影錄音。

六時，教廷駐華大使館代辦吉立友舉行酒會，慶祝教宗若望保祿二世就任。總統曾親臨致賀。

10月24日　星期二

上午

九時三十分，接見美國赫德遜研究所創辦人康恩夫婦等四人。

十時，主持軍事會談。

會談後，見陸軍總司令郝柏村。

10月25日　星期三

今為臺灣光復三十三週年紀念日。特發表談話，勉勵同胞，用光復臺灣的精誠來光復大陸。

下午

四時二十分，偕同行政院長孫運璿、總府府秘書長蔣彥士蒞臨臺中市，參加臺灣省各界慶祝光復三十三週年酒會，與中外來賓握手致意，並舉杯祝福全省同胞幸福快樂，省政建設繁榮進步。

四時四十分，由中興大學校長羅雲平陪同參觀該校新建之地下道，並詢問各項教學設備。

光復節談話

親愛的同胞們：

今天是臺灣光復三十三週年紀念日！

這是一個光榮的日子，因為臺灣同胞經過五十年的壓迫，終於在三十三年前的今天，重新獲得自由；這也是一個有著痛苦回憶的日子，因為中華民國人民經過十四年的浴血抗戰，無數人的犧牲，無數財力物力的損失，才換取了臺灣、澎湖的新生，重歸中華民國版圖；這更是一個歷史的日子，因為三十三年來全體同胞和政府的精誠團結、共同奮鬥，創造了今天安定、進步、豐足的社會。

三十三年前臺灣的光復，使得我們每一個中國人，和民族文化的歷史生命，更加融合在一起，血肉相連，精誠交感。所以今天在臺灣復興基地的每一個人，對臺灣、對大陸，都有著熱烈的歷史使命感，更有著強烈的民族責任感。而這一份熱烈的歷史使命感和強烈的民族責任感，就化成了我們加速基地建設，光復大陸的行動。

雖然臺灣光復以來，我們遭遇國際政治逆流、經濟浪潮的衝擊，然而我們不憂不懼，有為有守，一心一意為完成這一民族責任而奮鬥，一步一步的進行政治的、經濟的、社會的、文化的建設，把三十三年前大陸同胞光復臺灣的精誠大義，作為我們今天光復大陸的精神指標，在心理上築成長城，在反共中堅持信念。誠摯純潔，堅忍圖成。

正如總統蔣公曾經提示我們的，我們在臺灣復興基

地有著全體同胞的堅忍奮鬥，在海外有著全球忠貞僑胞
的熱烈支持，在大陸更有著億萬同胞的期待盼望。今天
我們用光復臺灣的精誠，來光復大陸國土，那就是我們
實踐自己的民族責任，來為國家復興完成歷史使命的光
輝起點！祝大家愉快！幸福！平安！

10月26日　星期四

上午

八時三十五分，抵達埔里鎮公所，詢問居民生活，並勉
勵基層人員多多為民眾服務。

九時，至埔里榮民醫院，慰問住院之榮民。

九時二十五分，至埔里近郊之觀音瀑布，遇見來此郊遊
之六十餘位山地學生，大家爭趨前握手歡呼，曾與全體
學生合影留念。

十時二十分，至霧社鄉公所巡視，聽取林石樹鄉長之工
作簡報。

十一時，至清境農場，詢問呂場長今年水果蔬菜生產情
形，曾品嘗高冷地栽植之「金冠蘋果」，對其風味特
殊，深加讚美。

十一時五十分，返回埔里鎮。

下午

一時後，返北。

至嚴前總統寓所，祝賀其生日。

10 月 27 日　星期五
六十七年臺灣區運動會今天上午在臺南市揭幕。

下午

三時十五分，由總統府秘書長蔣彥士、臺灣省政府主席林洋港、臺南市長蘇南成等陪同，蒞臨區運大會場，首先繞場一週，向熱烈歡呼之全場觀眾揮手致意。隨後登上司令臺向全場人員致詞：「今天我非常高興看到大家蓬蓬勃勃的朝氣，欣欣向榮的氣象，象徵我們國家前途的光明。同胞們，在我們自由自在、快快樂樂的生活時，今後要使我們的生活更富裕，國家更繁榮、更進步。祝大家幸福、平安與成功。」
四時起，先後巡視民族文物館、張大千畫展、選手村、世界兒童畫展、康樂點心城等處。

10 月 28 日至 29 日　星期六至日
【無記載】

10 月 30 日　星期一
上午

十時，接見美國依伯斯公司總裁斯卡諾等。
十時三十分，接見唐君鉑、汪道淵。

下午

三時三十分，在府延晤東加國王杜包四世。
四時起，見軍方調職及留美進修返國服務人員共廿

五人。

五時三十分，接見德國地理雜誌編輯克羅爾。

10月31日　星期二

今為先總統蔣公九秩晉二誕辰紀念日。

總統特發表「思親、勵志、報國」為題之紀念專文，闡述所感，兼勵國人。

上午

九時，中央政府在臺北市國父紀念館舉行先總統蔣公九秩晉二誕辰紀念會，由總統親自主持。並由何應欽上將以「宏揚中國文化的一代偉人」為題，報告先總統蔣公偉大行誼。

會後，率領中央政府各級首長及各政黨領袖前往慈湖蔣公陵寢謁祭致敬。並親在庭院向每位謁陵人員握手道謝。

思親、勵志、報國

一

　　有一位青年藝術家林聰惠先生，以半年的時間，在花蓮山中發掘了一塊純白光潤的大理石，雕刻了一座我父親三尺高的立姿像，長袍策杖，肅立中隱現寧靜，莊嚴中透出慈祥。我敬謹接受他的誠意，恭置在室中桌前案上。

　　父親逝世，已逾三年，雖然不能再承嚴訓，親接慈暉，但是每當我在室中工作繁忙，心神難得一靜之際，

抬起頭來,和父親雕像雙目相接,頓然覺得父親正以慈祥的口吻,溫諭我要凝神靜氣,舒展襟懷,我又立刻精神振作,生意盎然;或者當我為一個問題深思苦索、思緒紛紜之時,看到父親雕像眼中睿智的光芒,透入心中,我立即思路頓開,迎刃而解。實在,父親健在之日,為我領袖、為我慈父、為我嚴師,而我今日仍無時無刻不在承受父親的遺愛。

二

　　父親一生,言行云為,受孔孟聖賢和國父的影響很深,認為我們對於孔孟學說,「重在實踐篤行,貴能學以致用」。所以父親一生實踐孔孟之道,處處表現在行為生活上、道德生活上、政治生活上、精神生活上,可以說是一位仁民愛物的粹然儒者;而自父親追隨國父參加革命之時起,即尊為父師,所以「終身秉持遺訓,自矢不達國父之遺志不止」,可以說「只見主義,不見生死」,一生都是為三民主義國民革命而奮鬥不懈。

　　父親一生的德業事功,確實是融會了孔孟以至國父的思與行的體系,而篤行實踐的結果,於是表現為一種救國救世的利他主義的哲學。吳經熊先生嘗說:「蔣公利他主義的哲學,也可稱之曰十字架的哲學。蔣公為我們的國家民族,自從青年時代立志獻身革命,以至於今,已經負了六十多年的十字架,但蔣公不惟不怨不倦,而且還是朝氣盎然,精神健旺。」的確,今天我恭立父親像前,不正就清清楚楚看出了父親「背著革命十字架」的清風亮節,看出了父親剛直持正、一柱擎天的

德性和氣象！

三

　　有一次我讀到澳洲高達博士所寫有關我父親的一篇
文章，引述了英國歷史學家吉朋的話：「要寫一位偉人
的傳記，至少該在一個世紀以後。」接著他說：「蔣總
統就是這樣一位偉人。他雖是當代的偉人，但以後的歷
史學家看來，他將比現在更為偉大。」所以為父親這樣
一位思想的先導、建國的先驅、反共的先知、關係國家
民族近代歷史發展的時代偉人撰寫傳記，那就不但要看
現在，還要從世界歷史觀點，透過將來一段歷程；但是
時至今日，許多國內國外的史學家、文學家和藝術家，
寫作傳記，吟詠詩篇，雕繪畫像，來傳述這一偉人，無
一不關乎史乘，無一不深具價值。而到慈湖謁陵的人
士，至今每月在一萬人以上，作為子孫的蔣氏家人，當
然內心感動感謝不已。同時也可體察出來，國內國外人
士，對於這一時代偉人的崇敬，實在與日俱深。父親所
發的光和熱，都一一化成了民族的大愛，歷史愈久，光
輝愈新，人們將覺得他比現在更為偉大。

四

　　父親九二誕辰前夕，我恭讀父親在民國十二年
三十七歲時的日記，其中有父親追隨國父稱為「中
師」，而以革命信徒自期自勉並以勉人的箴言：
　　黨國傾危，中師是中流砥柱；民生憔悴，中師為大
旱甘霖。

　　自撰銘曰：優游涵泳，夷曠空明，曄然自充，悠然自得，此養性之功候也；提綱挈領，析縷分條，先本後末，慎始圖終，此辦事之方法也。

　　頃口占一聯：成敗生死何足計，毀譽得失總相忘。又得一聯：是非邪正應先辨，苦辣甜酸必遍嘗。

　　一曰：慎獨則心安，去人欲，存天理。

　　二曰：主敬則身強，懍坎險，惕乾健。

　　三曰：求仁則人悅，民胞物與，宏濟群倫。

　　四曰：習勤則神清，殫精竭慮，困知勉行。

　　凡事之成敗，不能逆料，只有以此心為主宰。此心以其事為可行，預揣有五六分把握，即可放手辦去，不能再事猶豫也。

　　凡事不可以疑慮而生怯沮，如能勇往直前，則人必屈服於吾之堅銳，而不敢撓，且或敬而畏我矣。

　　如何能養到榮辱不驚，夷險一節，惟胸懷澹泊，不激不隨，則幾矣。

　　凡負重責者，當有大度包容氣象，豈可瑣細苛刻。

　　凡欲成就大事業，必先振奮精神做去，只問我之所為，合乎正義與否，成敗利鈍，何足逆計？至於生死禍福，更可置之度外矣。由這幾段話，足可仰見父親少壯之時的氣概和襟抱。另外，父親還記下四句話：

　　襟懷淡泊　　言詞靜穆

　　息心養氣　　凝神和顏

　　這更是我們修養省察的嘉言。所以我將這四句話書寫為聯，懸之壁上，朝夕仰觀，資為標竿。

　　肅立父親像前，迴思父親生前愛我教我的情景，

「欲報之德，昊天罔極」。而我今天努力的目標，亦即如何以上承父志，善體親心，服務民眾，報效國家。

思親報國，此心彌切，敬謹記述於此。

中華民國六十七年十月三十一日

蔣經國　恭述

11月1日　星期三
上午

九時，主持中常會。於聽取臺省府林主席之「省政推行的方向」報告後，曾就其所提「改變行政作風」與「加強重點建設」兩章內所列事項，扼要提示，希望注意辦理，擴大成果。

11月2日　星期四
下午

三時，在中央黨部主持中央工作會議。

四時三十分，在黨部接見日本畫家田村晃。

11月3日　星期五
上午

九時三十分，在府接見多明尼加訪問團。

十時，主持財經會談，聽取經建會之六年經建計劃修訂及明年度經建計劃編訂等報告。

下午

四時三十分，接見哥斯大黎加共和國總統夫人等一行。

五時，約見王引、王豪等二人。

五時三十分，約見自立晚報總編輯吳豐山。

11月4日至5日　星期六至日
【無記載】

11月6日　星期一

上午

十時，接見美駐華大使安克志。

下午

四時三十分起，見李煥、孔令晟及宋時選等。

11月7日　星期二

上午

九時三十分，在府接見美國飛雅特汽車公司董事長小羅斯福。

十時，主持軍事會談。

11月8日　星期三

上午

九時，主持中常會。

常會後，見考選部長鍾皎光。

下午

五時，約見青年藝術家林聰惠。

五時三十分，接見美國「國家評論」雜誌發行人兼專欄作家魯歇。

六時三十分，在三軍軍官俱樂部以便餐款待參加第五次新聞工作會談之二百多位人員，並以「合億萬人為一心——明利害、別是非、嚴善惡」為題，致詞希望全體新聞從業者，高舉三民主義旗幟，理直氣壯，挺身而出，

為國家利益、民眾福祉，犧牲奉獻，來加速反共復國大業的完成。

合億萬人為一心
明利害、別是非、嚴善惡

各位先生：

這一次新聞工作會談的主旨，是在期望新聞從業者透過大眾傳播事業的功能，貢獻智慧與心力，促進全民團結，發揮民主法治精神，以加速國家目標的達成。

記得國父曾經說過：「革命成功極快的方法，宣傳要用九成。」也就是要宣揚革命大義，鞏固社會心理建設，加強國民精神武裝，方能使革命產生莫之能禦的力量。如何強化這種力量，實是值得我們加以深思和探討的課題。而回想執政黨建黨八十多年來，自國父領導國民革命，興中華，建民國；總統蔣公繼承遺教，除軍閥，抗強鄰，實施憲政，建設復興基地，其間歷盡千辛萬苦，所求者無不是為求中國之自由平等，國民的安和樂利，真可謂志昭日月，心明天地。但是無可諱言，幾十年來，執政黨卻也受盡了無數的歪曲、誤解、污衊，甚至侮辱。當然其中許多是對執政黨惡意的造謠、中傷和毀壞，而執政黨在新聞文化工作上未能充分發揮說服力和影響力，以使執政黨革命的宗旨、奮鬥的目標，深植在全國國民的心中，恐怕也是一項重要的原因。

現階段國民革命的唯一任務，是完成反共復國大業，這可以說是執政黨革命奮鬥的最後亦是最艱苦的任務。共匪竊據大陸將近三十年，行其荒謬絕倫的共產極

權專政，使大陸同胞陷於恐怖黑暗的殘酷統治之中，也使中華固有優良文化遭受歷史上空前未有的浩劫。目前這一悲劇尚未落幕，但世人顯然不僅沒有十分正視其嚴重性，自由世界的姑息主義者反而推波助瀾，幫著共匪在國際間進行統戰陰謀，增長它的邪惡聲勢，從而也必將加深它禍害人類的惡果。因之，在這是非不分，甚至道德與罪惡也極為混淆迷惘的世局中，對我們為自由、為正義的反共之戰，自將增添許多痛苦和困難。今天，我們須要破除世局的迷惘，決不是消極地去忍受苦難，而應積極地奮發自強，去化苦難為勝利。這使我想起總統蔣公在擔任國父的參謀長時就曾說過：「迷陣較戰陣難破」，所謂「迷陣」是指心理戰，「戰陣」是指武力戰，而心理戰不受時空範圍的限制，必須永遠保持警覺，採取攻勢，也就是本身必須先在心理上有必勝的信心，然後在行動上獲得必勝的結果。

堅定不移的信心，是得到勝利的憑藉。總統蔣公前幾年昭示我們「莊敬自強，處變不驚」，使我們在驚濤駭浪的衝擊中發揮出剛強不屈的毅力，使我們產生了在艱彌屬的定力，便是心理建設在試煉中的作證。今後橫在我們面前的是個更為危疑多變之局，我們必須於不驚之外，更須把信心的力量全部拿出來，建立起我們牢不可破的心理長城，不論世事浮動多艱難，要有「苦難何足懼」的氣概，堅持為正義而反共的原則，作好準備，應付難局，就決不會被邪惡所勝。因此務必結合全國民眾，要以「不憂不懼、有為有守」相互惕勵，一秉「同患難、共甘苦」的道義精誠，發揚團結、犧牲、奮鬥的

革命精神，來迎接任何挑戰，衝破一切難關，贏得最後的光榮勝利！

今天在這正義與邪惡交戰、自由與奴役爭鬥的大時代中，作為一個新聞從業人員，我認為首先都應具有責無旁貸的職志，針對邪惡，振如椽之筆，痛加撻伐。尤其在此國難當頭、大敵當前的時刻，更要喚起民眾，認清國家目標，本著血性良知，明白大是大非，嚴義利之辨，審善惡之分，做到有所為而有所不為。經國在民國六十三年的九月一日，曾經以「秉春秋之筆鍼砭邪說」為題，給全國新聞界的朋友們寫過一封公開信，其中有幾句話是這樣寫的：「革命的歷程，有高潮也有低潮；國家的際遇，有順境也有逆境；而社會萬象，同樣有其光明面與黑暗面。今後振奮人心，鼓舞社會，扶持國運，實有賴於我們新聞界朋友，憑持道德勇氣，揮動如椽之筆，宣揚積極的、光明的事象，藉以啟發群眾向善向上的良知，使我們國家社會，在蓬蓬勃勃的朝氣中，常保清新，不斷進步。」多年來經國參加政府，在復興基地從事民生、國防、社會各項建設工作所最感愉快的，就是在這清新朝氣中，民眾和政府一團和氣，同心協力，共同為建設國家而努力。也因這一種精神給了我勇氣和鼓勵，來克服困難，多為國家和民眾服務。而今天我更想到，新聞界的朋友們在這充滿迷惘的年代中，如何促使大家不為時勢所迷，不被環境所惑，並且能從迷惑中回轉清醒，該是多麼嚴肅和重要的責任與工作。因之經國想要提出幾個觀點，貢獻給各位作為寫作時的參考，藉此也供大家相互策勉：

第一、在此國際形勢詭譎多變，匪共圖我之心更亟之際，為了突破世局逆流，人人都應以救國為己任。我相信今天不應再有人想乘國家之危，投機取巧，只圖滿足私利，忘卻了國家整體利益。而我覺得我們最需要的乃是大家應以剛毅、冷靜、沉著來面對現實，矢勤矢勇，必信必忠，抱著赴湯蹈火在所不計的決心，來支持政府堅守反共到底的決策，以強化國家的立場和力量。

第二、為了維護民主憲政，讓全民享有自由平等的生活，同時也為了啟迪民眾體驗民主政治的真諦，邁向正確的政治道路，使真正民意能夠得到尊重，我相信今天不應再有人假借民意，顛倒黑白，來破壞憲政建設的基礎。而我認為我們最需要的乃是人人都應崇法務實，遵守法治，大家都用正大光明的立場，開誠佈公的態度，從事正當的政治活動，來發揮我們憲政的光輝。

第三、為使以民生為本的國家經濟建設不斷在穩定中繼續發展成長，以達國民經濟的均富均足，實現民生樂利，我相信不應再有人假公濟私，擾亂安定，企圖混水摸魚，來阻礙國家的進步。而我感到最需要的乃是大家應當敬業樂群，互助合作，竭智盡忠，貢獻才能，來促進經濟的現代化，充實民生，厚植國力。

第四、為了確保社會秩序，維護善良風俗，讓大家都可以安居樂業，講信修睦，我相信不應再有人為非作歹，造謠惑眾，唯恐天下不亂，來破壞社會的安寧。而我以為最需要的乃是人人都應守法守分，勤勞儉樸，存誠務實，謙沖忍讓，發揚高尚的國民道德。

第五、為了督策政府致力行政革新，確立廉能政

治，使能更有效率為民眾作更多的服務，我相信民眾時時予公務人員以鼓勵和政府時時尊重民意同樣重要，而不應再有人為了私怨，歪曲事實，來打擊公職人員士氣，所以我希望大家對忠於職務、勇於任事、操守清廉、勞怨不辭的工作部門和人員多加勉勵和表揚，對於貪贓枉法或行使賄賂之徒則立加檢舉，并予嚴屬制裁，共維清明的政風。

第六、也是最重要的，國家處境艱危，為了加強舉國一心的全民團結，共禦一切困難橫逆，我確認此時此刻最需要的是大家都應具有百折不撓的意志，堅忍圖成的毅力，發揮風雨同舟、和衷共濟的團隊精神，同心一致，緊密合作，決不容許讓人來分化或削弱我們的力量，在觀念上、行動上都以反共復國為第一，合億萬人為一心，齊勇若一，攜手並進。

經國深信，任何政府都有缺點，任何人也都可批評政府，只要政府對國民有誠意，國民對政府能信任，那麼缺點和批評便是革新和進步的階梯。同時我也願鄭重表示，執政黨和政府決不會被世局艱危而驚懼怯沮，也決不會因稍有小成而掉以輕心，也就是決不會把國家安全置於虛幻的假想之中，也不會把國民福祉放在不實的承諾之上。我們一定以光明磊落的胸懷，當仁不讓的抱負，負起民族的責任、歷史的使命，腳踏實地，穩紮穩打，樂觀前進，邁向勝利！

「團結便是力量」，這是真理，因為歷史上從無一個上下齊心，堅強團結，為理想目標勇往直前的國家會遭失敗的例子。只要我們堅持反共復國目標，努力不

懈，奮鬥到底，我們一定成功。經國尤其希望全體新聞
從業者要高舉三民主義的旗幟，理直氣壯，挺身而出，
為國家的利益、民眾的福祉，作更多犧牲奉獻，來加速
反共復國大業的完成！

11月9日　星期四
上午

十時，見軍方調職人員張子平等十一人。

十一時，見香港星島日報負責人胡仙。

十一時三十分，見駐巴拉圭大使胡炘。

11月10日　星期五
【無記載】

11月11日　星期六
上午

十時，蒞臨復興崗，主持陸海空三軍官校暨政治作戰學
校聯合畢業典禮，勗勉全體畢業生開豁革命襟抱，堅
定革命志事，實踐領袖遺訓，達成三民主義復國建國
使命。

11月12日　星期日
上午

十時，至國父紀念館主持紀念國父誕辰及慶祝中華文化
復興節大會。由副總統謝東閔以「三民主義在臺灣的實
踐」為題，發表專題報告。

11 月 13 日　星期一

上午

九時，在府內大禮堂接見來華訪問之美國眾議員（軍事委員會、撥款委員會等）訪華團全體團員，曾為指出，目前西太平洋地區所以能維持安定和平，主要繫於中美共同防禦條約以及中華民國防衛力量的強大。深盼美國能明瞭此一問題之重要性，並為因應今後的需求，及時以高性能的飛機提供中華民國。

下午

三時三十分，由秘書長蔣彥士陪同，前往臺北國賓飯店，向國策顧問吳三連祝賀其八十壽辰。並向三位獲得第一屆吳三連文藝獎得主姜貴等道喜。

美國眾議員訪華團名單

軍事委員會　　　　　　普瑞斯議員暨夫人

　　　　　　　　　　　魏爾遜議員暨夫人

　　　　　　　　　　　威爾遜議員暨夫人

　　　　　　　　　　　懷特議員暨夫人

　　　　　　　　　　　尼可仕議員暨夫人

　　　　　　　　　　　莫洛漢議員暨夫人

　　　　　　　　　　　王柏議員暨夫人

　　　　　　　　　　　麥唐納議員暨夫人

　　　　　　　　　　　白德瀚議員暨夫人

撥款委員會　　　　　吉旁斯議員暨夫人
　　　　　　　　　　瓊斯議員暨夫人
　　　　　　　　　　佛蘭柴議員暨夫人
各州暨外國商務委員會　范德琳議員暨夫人等

11月14日　星期二
上午

十時，在府主持財經會談。首先聽取臺灣鐵路局局長范銳之臺鐵現況簡報，曾期勉該局要發揮鐵路運輸功能，同時特別注重行車安全，提供大眾行的便利。隨後並聽取了最近經濟情勢及當前經濟發展有關問題的報告。

11月15日　星期三
中午

十二時，蒞臨恆春。

下午

四時三十分，首先巡視滿州鄉公所，繼至鄉農會，參觀新建完成之三座穀倉。隨後轉往海垵村視察漁民住宅動工情形。
五時二十分，抵達佳洛水風景區，與遊客親切閒談。繼而轉往恆春，視察興建中之核能三廠及後壁湖漁港。

晚

七時許，至陳丙元漁民家，與其家人共進晚餐。

11 月 16 日　星期四

上午

續在屏東巡視，先後到少棒國手潘朝明家中、省立恆春高中、恆春鎮公所、恆春市場、潮州鎮公所以及潮州里泗林公共造產苗圃等處。

中午

轉至鹽埔鄉訪問農民尤隆田，並在其家中午餐。

下午

二時許，離開鹽埔，途中並視察新建成之高屏大橋。

五時三十分，抵達阿公店水庫，聽取簡報，並至水庫管制站巡視。

11 月 17 日　星期五

上午

七時二十分，在高雄圓山飯店，約見高雄市長王玉雲共進午餐，垂詢市政，並指示應加強照顧低收入市民及重視文化精神建設。

八時四十分，抵左營，巡視中華體協訓練中心，親切慰勉受訓之小國手們要用功讀書，勤加練習。並指示隊職員們好好照顧選手們之生活。

九時二十分，轉至高雄遠東百貨公司參觀金門特展。

十時，蒞臨中鋼公司，聽取中鋼、中船及臺機三公司負責人之工作簡報。然後轉至中船公司造船廠巡視後離去。

11月18日　星期六

上午

十時，在府接見美國「全美市長會議」訪問團一行十
九人。

十時三十分，見教育部次長陳履安。

11月19日　星期日

上午

八時十分，抵達三重市，首先視察即將開幕之臺北縣立
醫院、公路局客車三重檢修站與三重市公所。

在轉往新莊、板橋、中和、永和巡視途中，曾分別在新
莊地藏王庵、新莊鎮公所、板橋市深丘社區活動中心復
健青少年博愛油畫訓練班、板橋市公所、中和枋寮市
場、慈雲寺、永和堤防、永和鎮大業安養堂等地停留，
作個別視察和參觀，並訪問民眾。

在參觀地藏王庵時，曾應該庵負責人之請，為興建中之
圖書館命名為「大眾圖書館」。

十一時五十分，在民眾夾道歡呼聲中離去。

11月20日　星期一

【無記載】

11月21日　星期二

上午

九時三十分，在府接見國際獅子會總會長林南夫婦。

十時，主持軍事會談。

11 月 22 日 星期三
上午
九時，主持中常會。

11 月 23 日 星期四
上午
九時三十分，在府接見南非前外交部部長莫婁夫婦。
十時，見軍方調職人員常持琇等八人。
十時四十分，接見克萊恩。（美國喬治城大學戰略研究中心主任）

11 月 24 日 星期五
上午
十一時，見已故旅菲僑領蔡文華之長子、太平銀行總經理蔡伯惠等。
十一時三十分，見好人好事代表五十七人。對渠等好義施仁、艱苦奮鬥的事蹟，深致讚揚，並期望社會大眾，人人都是好人，人人都做好事，用自己的力量，開拓光明幸福的前途。

下午
四時，見中國時報發行人余紀忠。
五時，見聯合報發行人王惕吾。

11月25日　星期六

上午

九時，見陸軍總司令郝柏村。

十時十五分，抵達桃園國際機場，聽取民航局長毛瀛初之簡報後，即巡視航站大廈內部工程及機場之管理系統設施、候機室、出入境輸送通道，並登上機場指揮管制塔臺，眺望宏偉之機場全景，與慰問正在工作人員之辛勞。

11月26日　星期日

上午

十時，至實踐堂參加本黨中央舉行之革命元勛胡漢民先生百年誕辰紀念大會。大會由中央常務委員嚴家淦先生主持。

會後，曾向胡漢民先生之女公子胡木蘭致意。

11月27日　星期一

中央社紐約本日專電稱，最近訪問臺北之專欄作家魯希，已將總統之幾項口信傳達給美國人民，希望他們瞭解共產邪毒性質。記住誰是他們真正的友人。並且能夠不僅看到今天，也能看到明天、後天……。

轉告美國人民的話

一、我希望美國人民研究與瞭解共產主義的真正性質：
　　那是叛逆且邪毒的。

二、我希望他們記住誰是他們真正的友人。

三、我希望他們能夠不僅看到今天，也能看到明天、
　　後天……。

四、美國人民愛好自由，這是他們在世界各地都受到
　　仰慕的原因。但隨獻身於自由而來的，還有某些
　　責任。

11 月 28 日　星期二

上午

八時四十五分，至周至柔先生寓所，祝賀其八十壽辰。

八時五十分，至臺北市聖家堂，參加為薛光前博士舉行
之追思彌撒，並向薛博士靈柩致深沉哀悼之意。

十時，在府主持財經會談，聽取國內經濟情況報告。並
對貨幣供給額增加率之下降、物價之穩定、對美貿易順
差之縮小、民間投資之鼓勵及新舊年關民生日用品之供
應等，作了五項指示。

十一時，見朱大使撫松。

財經會談五項指示

（一）十月貨幣供給額增加率已有下降，尚應繼續努
　　　力，使其降至百分之三十以下，以緩和對未來
　　　物價上漲的壓力。

（二）最近食品及蔬菜價格回降，並呈穩定之勢。惟
　　　部份工業產品外銷暢旺，致國內供應不足，今
　　　後應以供應國內需要為優先，俾保持國內物價
　　　之穩定。

（三）抑制對美貿易順差擴大，政府非常重視。除已

　　一再派遣採購團赴美外，有關機關應繼續努
力，做到對美貿易順差的縮小。

（四）民間投資已有增加，為保持經濟的持續成長，
今後除繼續鼓勵民間投資外，並應積極爭取外
人及華僑回國投資。

（五）新舊曆年關將屆，有關部門對於各種民生日用
品，應積極籌劃充分供應，以穩定物價，使大
家新年愉快。

11月29日　星期三

上午

九時，主持中常會，聽取匪區動亂情勢報告後發表談
話，指出當前匪區動亂是更大動亂的開始，號召大陸
同胞急起自救，推翻匪偽；並重申我絕不與匪妥協的
立場。

常會後，見考試院長劉季洪。

中常會談話

　　近幾天來，國際間和我們都在注視匪區內鬩鬥的
情勢，實在，這種情勢的發展，根本就是中共偽政權罪
惡本質的因果循環，並不足奇。但是這種動亂的情勢，
卻給自由世界一個活生生的事實證明，那就是中共偽政
權，到今天其內部不止是在擴大的、強烈的鬥爭，而且
還更加擴張其對國際對我復興基地的統戰，來掩飾、來
轉移它的危機。

　　事實尤其明顯，它內部一次接一次的鬥爭，只是中

共偽政權一小撮人非主即奴，非生即死的權力鬥爭，對
大陸同胞不僅沒有絲毫益處，反而只有更為加深痛苦，
更加受到折磨，精神上仍舊是無依無靠，生活上仍舊
是飢餓貧窮，行動仍舊是處處箝制，家庭仍舊是破碎
離散。

中共偽政權現在為了苟延殘喘，瘋狂搞它沒有基礎
的「四個現代化」。要知道，沒有生存的自由，沒有政
治的自由，沒有經濟的自由，怎麼可能「現代化」呢？
又還有什麼「共產主義的遠景」可言呢？

大陸同胞，尤其是年輕一代的共軍共幹、學生青
年，從來沒有過自由安定吃飽穿暖的日子，卻承受了將
近三十年的煎熬，連國際間也已認清了中國大陸確是一
直有嚴重違反人權的事實。而人們更懷疑三十年來的
中共偽政權，何以只見其退步、落伍的形象，人民窮
困、社會凋落，究竟中共偽政權三十年來使人民得到
了什麼？

現在周恩來死了，毛澤東死了，「四人幫」垮了，
大陸同胞還是不能過一點好日子，還是沒有一點自由和
人權，眼看著中共偽政權的頭目們，又要「鞭毛」了，
「翻案」了，搞新的鬥爭了，現在大陸的動亂情勢，只
是它更大的動亂的開始。由於中共偽政權政治癌症一天
天蔓延，快到併發的時候了，它將會更加瘋狂，更加凶
狠，大陸同胞要急起自救，趕決效法從前革命先烈們推
翻滿清一樣，來推翻中共偽政權，我們在臺澎金馬復興
基地，一定以全力來和大陸同胞一齊合作，一起努力，
消滅中共偽政權的暴政。

　　三十年來，我們在復興基地，實踐三民主義，開展復國建設，鞏固了自由，維護了人權，獲得了豐足的生活，也就是人人都有充分的生存的自由，政治的自由，經濟的自由。我們心心念念為自由、人權和豐足生活而努力，就都是為的台灣建設，為的大陸光復，也就是為的和大陸同胞共同奮鬥，重建中華，再現光明。

　　今天情勢非常清楚，由於三民主義光輝的照耀，由於大陸同胞人心人性的覺醒，大陸一千一百萬平方公里的土地，已不是中共偽政權所能利用的資源，八億同胞更不是中共偽政權所能徹底控制的人口。我們還要告訴和我們血肉相連，精誠交感的大陸同胞，不論世局如何變化，因為中共偽政權是我們共同的敵人，唯一的敵人，所以我們始終堅持一貫的立場和決策，我們和中共偽政權絕對沒有任何妥協談判的餘地；和任何共黨國家，也都沒有來往接觸的可能，而我們復興基地尤其誠摯純潔，全面團結，堅持光復大陸統一復興的奮鬥，絕無任何獨立自保觀念的偏差。

　　總統蔣公追隨國父，革命一生，領導我們六十多年的艱難奮鬥，在遺囑中，提示我們「光復大陸國土」，而最後一句勉勵我們的話，即是說「只要我們在臺澎金馬復興基地，繼續生存，不斷奮鬥，發展壯大，一定能夠達成光復大陸國土的任務」。基於當前世局匪情的變化，我們要密切注視大陸匪區再次開始大動亂的一切跡象，我們要緊緊掌握中共偽政權內部混亂、分裂、鬥爭的全般形勢，我們更要實踐總統蔣公遺訓，群策群力，集中意志，不斷的革新、不斷的動員、不斷的戰鬥。

11 月 30 日　星期四

上午

九時，見軍方調職人員沈定元等十三人。

十時，見臺大教授焦國模等四人。

下午

四時，見臺大教授陳正澄等三人。

12月1日 星期五
【無記載】

12月2日 星期六
上午

九時，見國策顧問汪道淵。

十時，見臺大教授楊日然等四人。

12月3日 星期日
上午

十時十分，抵達臺南縣政府，聽取縣長楊寶發之選務
工作報告，然後至東山鄉訪問農家，至白河榮家慰問
榮民。

中午

巡視白河水庫。

下午

一時，至嘉義縣政府，聽取縣長涂德錡有關地方建設及
選務報告。並就仁義潭水庫之興建及蛤蜊大量死亡之防
治問題有所提示。

二時許，至故嘉義縣長陳嘉雄之住宅慰問其家屬，並有
所餽遺。隨後又至陳嘉雄墓園弔祭。

四時許，抵雲林縣政府，聽取簡報，指示縣長林恆生辦
好選舉工作。

五時許，抵達南投縣鹿谷鄉，曾至鄉長林丕耀家中小

憩，垂詢茶葉產銷及風景區整建情形，並與其高齡父母閒話家常。

晚

在溪頭約見省府主席林洋港，聽取增額選舉選務工作籌備情形報告，並要求選務工作人員一定要本諸公平、公開、公正原則，在團結和諧氣氛中達成任務。

12 月 4 日　星期一

上午

七時，在溪頭約見南投縣長劉裕猷、議長張振傳、縣黨部主委蔡鐘雄等，並共進早餐。曾一再指示對農民生活、農業生產、農會存款及住宅重建情形等，要加強重視，希能獲得進一步的改善與發展。

12 月 5 日　星期二

上午

八時三十分，接見臺大教授繆全吉、俞寬賜。

九時三十分，見六十七年傑出科技人才范秉真、林再春。

十時，主持軍事會談。

下午

六時許，見調查局局長阮成章。

12月6日　星期三
上午

九時，主持中常會，聽取臺北市長李登輝之市政報告後，曾指出政府的政策一定要明白、堅定，做不到的不說，說了的一定要做，不可含混，以取信於民。並對市政建設提示了六項重點，即關於翡翠谷水庫之興建、市區鐵路之高架抑或地下、防洪計畫之完成等，應儘早定案。對開發山坡地興建國宅、改善都市環境清潔、取締流氓、煙毒及色情等，應加強辦理。

12月7日　星期四
下午

五時，在府約見中國工程師學會表揚之優秀青年工程師陳連春、郭炎塗、蘇清吉、王承順、孔祥洪、陳源成、鄭國雄、李松雄、黃文雄等，嘉勉其對國家建設的重大貢獻。並與彼等就當前一些工程上的問題交換意見，希望國內工程界在良好基礎上，更進一步研究發展，引進新的技術，推廣新的方法，來配合、來促進新的經濟建設。

六時，至臺北賓館，參加行政院長孫運璿邀請一級上將之餐會。

12月8日至10日　星期五至日
【無記載】

12 月 11 日　星期一

下午

四時三十分,在府接見參與國家建設有功人員王先登、趙耀東、陳鳴錚、陳蘭皋、胡美璜、李達海、陳宗文、嚴孝章、劉朝榮等工程負責人員及工程師、領班等三十人,並以茶點款待。在致詞中曾稱譽參與建設之全體人員為無名英雄,由於大家的血汗、犧牲,使我們的國力大為增長進步。期勉全國所有工程人員為國家貢獻智慧能力,更進一步來推動國家建設,厚植國力,完成我們復國建國的大業。

五時,見趙麗蓮教授。

五時十五分,見金門防衛司令部李家馴。

接見國家建設有功人員名單

王先登	吳大惠	郭長安	劉朝榮	陳鳴錚
章　家	賴淵光	邱重珍	趙耀東	劉曾适
陳俊德	向傳琦	郭炎士	陳蘭泉	周石泉
沈昌華	胡美璜	石中光	郭明松	賴景波
林慎福	李達海	李熊標	陳庸寬	陳宗文
許仲仁	嚴孝章	張溥基	林承志	齊寶錚

12 月 12 日　星期二

上午

八時三十分,聽取高部長、宋總長簡報。

九時三十分,接見美國退伍軍人協會會長凱瑞夫婦。

十時,主持財經會談,於聽取行政院長孫運璿就六十九

會計年度預算籌編情況提出原則性之報告後，並且提示預算的編訂，應在配合整體經濟的需要及避免引起通貨膨脹的前提下進行。此外並指示財經首長研擬妥善的措施，因應未來物價上漲的壓力。

十一時三十分，見國策顧問賴璉。

臺灣省政府主席林洋港今天在省府國父紀念週與十二月份動員月會中，轉達總統指示，要求省府有關單位加強訓練各級工作人員，以改進工作態度與方法，並加強推行綠化美化環境的工作，對處理人民申請案件應求明快，而不可模稜兩可。

12月13日　星期三

上午

九時，主持中常會。

常會後，分別約見馬克任、溫哈熊等。

12月14日　星期四

上午

十時，在府見軍方調職人員及趙芝言。

十一時，接見基督教「主臨萬邦」國際節目主講人賀福滿博士夫婦。並向其指出，中華民國人民信仰宗教有絕對的自由。

賀福滿博士曾親自贈送聖經一冊，向總統致敬。

12 月 15 日　星期五
上午
十一時，見國策顧問陶百川。
十一時四十五分，見何世禮。

12 月 16 日　星期六
今日凌晨二時，美國駐華大使安克志晉見總統，報告美國政府決定自明年一月一日起承認匪偽政權，並斷絕與我之外交關係。總統隨即邀集嚴家淦、孫運璿、黃少谷、張寶樹、蔣彥士、沈昌煥、高魁元、宋長志、汪道淵、錢復、丁懋時等人會商，並向美大使提出最嚴重的抗議，同時發表嚴正聲明如下：
美國決定與共匪偽政權建立外交關係，不僅嚴重損害中華民國政府及人民之權益，且將對整個自由世界產生嚴重之影響，其因此所引起之一切後果，均應由美國政府負完全責任。
數年來，美國政府曾一再重申其對中華民國維持外交關係，並信守條約承諾之保證，而今竟背信毀約，此後自將難以取信於任何自由國家。
現美國對藉恐怖鎮壓以維持其存在之共匪偽政權界以外交承認，實有悖於其宣稱維護人權加強民主力量以抵抗極權專制之宗旨。此舉無異剝奪中國大陸上億萬被共匪奴役之民眾早日重獲自由之希望。無論自任何角度而言，美國此一行動不啻為人類自由及民主制度之一大挫折，且必深為世界各地愛好自由民主的人民所譴責。
最近國際情勢發展證明，美國進行與共匪「關係正常

化」，非特未能進一步保障亞洲自由國家之安全，反而
鼓勵共黨之顛覆與侵略活動，加速中南半島各國之淪入
共黨魔掌。中華民國政府與人民確信，持久之國際和平
與安全，決不能建立於一項權宜運用之不穩定基礎上。
無論國際情勢如何發展，中華民國以一主權國家，當秉
承光榮之傳統，團結海內外軍民同胞，繼續致力於社
會、經濟、及政治等各方面之改進，忠於國家目標及所
負之國際責任，吾人對國家前途具有充份之信心。

總統蔣公於遺訓中諄諄昭示我全國同胞莊敬自強，以完
成復國建國之大業。中華民國政府及人民有決心亦有信
心，盡其在我，與其他各民主國家之人民共同努力，以
對抗共產暴政及其侵略政策，今後自當更加沉著鎮定，
積極努力，並呼籲全國同胞與政府通力合作，一心一
德，團結奮鬥，共渡此一難關。中華民國無論在任何情
況下，絕不與共匪偽政權談判，絕不與共產主義妥協，
亦絕不放棄光復大陸拯救同胞之神聖使命，此項立場絕
不變更。

上午

八時，主持臨時中常會，對行政院長孫運璿呈請辭職，
予以慰留。核准外交部長沈昌煥之辭職，其職務特派行
政院孫院長兼理。

今日發布緊急處分令，其內容為：

一、全面加強軍事戒備。

二、採取維持經濟穩定及發展措施。

三、增額選舉延期舉行，即日起停止一切競選活動。

晚

八時，在電視上，為美匪「建交」事，向全國軍民同胞
發表講話。

向全國軍民同胞講話

親愛的父老兄弟姊妹們：

今天大家心頭都十分沉重，美匪決定進一步勾搭，
建立所謂「外交關係」的消息，各位都已經知道了。對
於這件不幸的事情，政府為了維護中美人民的長期友誼
和兩國間的共同利益，曾在過去幾年間，盡一切努力，
忍辱負重地予以勸阻。而今美國政府不顧道義和信守，
當匪共內鬥日烈，困難重重之時，竟片面決定斷絕對我
外交關係，我們已經聲明一切後果應完全由美方負責。

在此國家遭逢重大困難的時刻，我首先要為全國同
胞指出：這正是我中華兒女為自身安全與幸福，為了國
家前途與人類正義，拿出最大決心與力量的時候。甚麼
是最大決心，一切靠自己，為自由與生存，與敵人共匪
奮戰到底，這就是我們最大的決心；甚麼是最大力量，
人人堅定沉著，發揚民族正氣，加強精神武裝，精誠團
結，支持政府，奮鬥到底，就是我們最大的力量。亦唯
有憑藉這決心和力量，才能真正保障我們每個人和國家
的安全。

但是我還要鄭重向我們全國同胞說明：共匪利用美
國政府的弱點，達成了它企望已久的「建交」。在這時
候，它一定更會加緊玩弄它一貫的陰謀詭計，對我復興
基地的軍民同胞，進行分化、挑撥、顛覆等種種惡毒

手段，所以除了政府將隨時隨地揭發和擊破其一切詭謀外，切望大家一致提高警覺，決不中其圈套。特別是敵人想以「和談」來誘脅我們，我要再度斬釘斷鐵地忠告國人：我們決不與共匪和談，否則就是自取滅亡！相反的，只要反共到底，就能復國。

我們要感謝支持我們的無數的美國友人，今後，我們還是要繼續增進中美兩國人民之間的友誼和利益

為了應付當前這個變局，政府已經決定採取種種必要的措施。就是依據既定國策，政治上我們將繼續堅守民主陣容，保障人權；經濟上我們將繼續加強建設，保持穩定發展，使人人過更好的生活；軍事上要加強戒備，充實國防，確保國家的安全，敵人如敢來犯，必定立刻予以迎頭痛擊。

我懇切要求全國軍民同胞們，今天我們一定要不分彼此，放棄小我，真正做到禍福相共，同舟共濟，無論未來的處境如何艱危，無論時代的考驗如何嚴酷，誓必排除萬難，盡我們職責，為維護中華民國的尊嚴，消滅叛逆匪共的暴政，實現三民主義的理想，而犧牲奮鬥。經國一定以個人自己所有的一切，和同胞們共患難、同生死，來克服最後這個難關，來求得勝利，希望大家各本愛國良知熱忱，凡與反共復國大業有益的，各盡所能，貢獻於國家，人人矢勤矢忠，群策群力，深信眾志成城、大勇無畏，我們就一定可以克服一切困難，朝著既定目標勇往邁進！

敬祝軍民同胞們堅忍、沉著、奮鬥、成功！

12 月 17 日　星期日

上午

八時，主持財經會談，指示財經部門：

一、經建照計畫推行。

二、政府與民間通力合作，繼續穩定物價。

三、各企業年關所需資金應儘力協助融通。

四、與美國間之各項經濟活動仍照常進行。

十時，主持軍事會談，於聽取宋總長等報告後，指示三軍保持沉著、堅定，提高警覺，加強戰備，制敵機先。

今日指示行政院，增額中央民意代表選舉已延期舉行，但各候選人所已發表之政見，應予收集，送交各有關部門研究參採。

今日接美國前加州州長雷根函，表達其衷誠支持之意。

財經會談四點指示

一、各項經濟建設，均照預定訂畫推行。

二、目前物資充裕，各種生產亦均甚正常，希望政府與民間通力合作，繼續穩定物價。

三、新舊年關將屆，工商業尤其中小企業年關所需資金，政府有關部門應儘力協助融通。

四、與美國間之各項經濟活動仍照常進行。

美國前加州州長雷根函

總統先生：

我希望閣下知悉我向新聞界發表的聲明，並表明我對美國政府採取的行動的遺憾。不管時事發展，我將支持閣下。

雷根

雷根的聲明

卡特同意北平長久提出的三項要求，導致背棄親密盟友中華民國的結果，算不上是美國的外交「勝利」。他可以在任何時候屈服於北平的要求，甚至在當政第一天。

我籲請卡特總統出面確實昭告美國人民，政府將採取何種措施，確保臺灣一千七百萬人民的安全及福祉。

我們不需要對臺灣發表任何陳腔濫調或含混的期望。我們需要的是具體的保證。如果我們不提出這種保證，我們將走上直接違反臺灣人民人權的第一步。

近幾年來美國人已歡迎與中共改善關係，不過這個突然的行動引出一個明顯的問題：我們獲得何種未曾有過的好處？為何需要目前倉促行事？

12月18日　星期一

上午

九時，在三軍軍官俱樂部主持本黨第十一屆三中全會開會典禮，致詞呼籲海內外同志同胞，精誠團結，肝膽相照，一心一德，共赴國難。同時勉勵大家，以非常的決

心與行動，衝破難關，完成反共復國的神聖使命。

下午

聽取出列席同志所提意見後，曾重申我中華民國堅守民
主陣容的立場，絕不與匪談判，亦絕不與任何共黨政權
交往。隨後全會通過　主席提名，由二中全會選出的
二十二位中央常務委員連任一屆。

中國國民黨第十一屆三中全會開會典禮致詞

各位先生、各位同志：

今天本席以沉重的心情，負責的態度，樂觀和積極
的精神，宣布本黨第十一屆三中全會開會。

自從二中全會到今天，是本黨一段艱苦而奮發圖強
的時期，在這段期間，我們有所得，也有所失，但是我
們全黨同志遵照總裁遺訓所把握的奮鬥方向，是絕對正
確的。我們對內加強政治、經濟、文化、社會、國防各
方面的建設和革新，對外爭取自由世界的同情和支持，
我們由此渡過了這一段艱難的時刻，在如此艱難的環境
中，我們始終把握了反共復國的基本政策，勇往直前，
犧牲奮鬥。

今天由於美國背信毀約，與匪「建交」，增加了我
們正在奮鬥之中的困難，這是我們國民革命奮鬥史上一
次強烈的變化和重大的挫折。但並不是革命的失敗。本
黨在總理和總裁的領導之下，八十多年來的革命歷史
上，經過了不知多少的驚濤駭浪，重重危機，也遭遇過
許多次的挫折，有過許多次的勝利，而每一次的勝利，

卻都是在重重挫折之後，挺立起來、堅強起來而得到的勝利，我們所以能夠在一次又一次的挫折之後，重新得到勝利，就因為我們的黨，有救國救民的主義，有犧牲奮鬥的精神，有不屈不撓的意志，有勇往直前的決心。

自從總裁逝世以來，經國先後蒙本黨同志和全體同胞付託以黨務國計的重任，卻未能在外交上開展新局，反而遭到今天的挫折，個人內心深深感到慚愧歉疚，無以對總裁在天之靈，無以對同志同胞付託之重。不過經國絕不會因而稍挫銳志，絕不會因而搖撼此心，相反的，還要追隨各位先進，相與同志同胞，更加惕勵奮發，來扭轉、來改變形勢，使我們的黨，我們的國家，再開新局，更加進步，更加壯大，因之，今天面對當前外交上的衝擊，我們更要視之為再接再厲轉危為安的關鍵。

事實上，今後革命的成敗，完全繫於我們黨的生存發展和進步，我們中國國民黨是中國全民所歸心嚮往的革命民主政黨，三民主義是中國全民所信仰的主義，八十多年的革命歷史，更是一部在驚濤駭浪之中不斷改造、新生再盛的奮鬥史。今天，為了要達成反共復國的重責大任，我們黨必須檢討缺失，消除腐舊。來培養青春的活力，來增長革命的精神，所以我們要使本黨能夠貫注新的生命，吸收新的血輪，採取新的工作方法，更堅強、更勇敢的發揮本黨的力量，突破革命的橫逆，這是全黨同志當前責無旁貸，最為急切的重要任務。

經國以為，今天整個世界局勢，都在變，都在亂，而且愈變愈大，愈變愈亂。而美國與匪「建交」這件事

的種種作法，對自由世界來說，是何等的危險，對美國本身來說，尤為危險。有一位美國朋友說得好，「美國有史以來，從沒有同一個友好的國家斷過邦交，現在和中華民國斷交，是美國的奇恥大辱。」實在我們自從和美國成為盟邦以來，美國做出了不知多少對不起我們中華民國的事，我們曾經無數次的對美國政府加以勸告、忠告、警告，苦口婆心，始終無效，而今天演變到了這一地步，以敵為友；引狼入室，這是何等不智、何等可怕、何等危險的行為，相信有一天美國終將後悔這一著之失。然而我們中華民國人民和美國人民之間的友誼和感情，是濃厚的，也是任何人所不能抹殺的，我們對於長久以來在患難中支持中華民國的美國友人，深表感謝，也深信中美兩國人民的友好關係和感情，將更加密切，更加深摯，因為我們中華民國人民和美國人民，有共同的理想，有共同的社會制度，有共同的民主自由的信念。

今天，我們面對的是一個殘酷的現實，我們大家必須虛心的檢討，冷靜的思考，沉著的肆應困難，堅定的操持目標和立場，此刻所需要的是相互鼓勵，相互信賴，結集統合的力量；不要彼此指責，彼此隔閡，抵銷革命的力量。質言之，我們所需要的就是精誠團結，肝膽相照，一心一德，共赴國難。

復興基地以及海外的父老兄弟姊妹，和大陸苦難同胞，有著血濃於水、息息相關的情感和血緣關係，我們大家尤其要同一心志，同一行動，來消滅匪偽政權，來復興自己的國家民族。

經國謹以赤誠的心意，號召大家團結奮鬥，因為沒有一個團結的國家會被打倒，也沒有一個團結的黨會招致失敗，今天我們所負的責任太重大，承擔的任務太艱鉅，我們絕不能忘記總理和總裁遺留的革命遺產，絕不能忘記千千萬萬革命烈士為國民革命而流的鮮血，五千年的中國歷史，顯示我們中華子孫，愈是艱難的環境，愈是危難的時刻，愈愛國家，愈愛民族，愈能團結一致，愈能堅忍奮發。

今天在三中全會，我們要堅確體認，當前這個難關，是國民革命過程中最後的一個難關，只要衝破了這個難關，迎面而來的就是勝利，現在就是真心誠意為國效命、為民服務的非常時刻，我們全黨同志都是屹立如山，決不搖撼的強者勇者，我們要以非常的決心，非常的行動，來衝破這一難關，開創新的機勢，深信我們必能在自己的手中，得到反攻復國最後的勝利成功！

12月19日　星期二

【無記載】

12月20日　星期三

上午

九時，主持中常會，決定成立工作組，由嚴常委家淦為總召集人，下設黨務、政治外交、社會、文化宣傳、財政經濟及軍事等六個小組，規劃具體改革措施，以貫徹主席在三中全會之有關提示，暨全會決議以及與會同志所發表之意見。此外並通過馬紀壯等人事案。

今日總統發表人事命令：特任馬紀壯為總統府秘書長、
蔣彥士為外交部部長、唐振楚為考選部部長、瞿韶華為
行政院秘書長。

工作組名單

總召集人：常務委員嚴家淦

（一）黨務組

　　　　召集人：倪文亞、宋時選、連戰

　　　　承辦秘書業務單位：組織工作會

（二）政治外交組

　　　　召集人：黃少谷、陳履安、李鍾桂

　　　　承辦秘書業務單位：政策委員會

（三）社會組

　　　　召集人：谷正綱、邱創煥、許水德

　　　　承辦秘書業務單位：社會工作會

（四）文化宣傳組

　　　　召集人：沈昌煥、王唯農、趙守博

　　　　承辦秘書業務單位：文化工作會

（五）財政經濟組

　　　　召集人：李國鼎、辜振甫、孫震

　　　　承辦秘書業務單位：財務委員會

（六）軍事組

　　　　召集人：袁守謙、馬紀壯、王昇

　　　　承辦秘書業務單位：大陸工作會

總統令　六十七年十二月二十日

總統府秘書長蔣彥士另有任用，應予免職。

特任馬紀壯為總統府秘書長。

總統令　六十七年十二月二十日

行政院院長兼理外交部部長孫運璿，免予兼理。

特任蔣彥士為外交部部長並為行政院政務委員。

總統令　六十七年十二月二十日

考選部部長鍾皎光呈請辭職，應予照准。

特任唐振楚為考選部部長。

總統令　六十七年十二月二十日

行政院秘書長馬紀壯另有任用，應予免職。

特任瞿韶華為行政院秘書長。

12月21日　星期四

上午

至顧一級上將祝同寓所祝賀其壽辰。

十時，見軍方調職人員毛夢漪等三人。

12月22日　星期五

【無記載】

12 月 23 日　星期六

上午

九時許，至天母張發奎先生寓所訪候，敘談約半小時。

下午

四時三十分，見孫運璿、蔣彥士、錢復。

今日向美國人民發表申賀耶誕之祝福文，以強調中美兩國人民具有共同之理想。

向美國人民發表申賀耶誕祝福

又到了一個正如聖經上所說，但願平安降臨大地，萬福賜與眾人，祈祝新年新希望的時節了。

余謹代表中華民國人民向我們美國友人申致熱誠慶賀與祝福之意。

貴我兩國政府間關係的改變，並不能阻礙我們兩個民族間的情誼。在我們心目中，我們對美國人民仍具信心，因為美國人民與中國人民的理想相同：就是追求自由與繁榮的社會。

但願耶誕的啟示與新年的期望，引導我們共同追求整個世界真正的和平與幸福。

12 月 24 日　星期日

上午

九時，主持國家安全會議，提示外交工作、軍事措施等重點。並發表講話指出，今後國家安全會議當加強研究

為適應動員戡亂所應採取之必要措施。政府定善用憲法
賦予之職權，恪盡保國衛民之責任。

十一時，在府接見日本議員灘尾弘吉等三人。

十一時四十五分，接見法國快訊週刊記者魏延年暨德國
明鏡週刊駐港特派員德薩尼。

下午

四時三十分，見毛瀛初、司徒福、張麟德、俞國華。

五時三十分，見倪院長文亞。

六時，見虞為。

國家安全會議講話

美匪建交是當前國際情勢上的一大變局，不僅對我
們中華民國的權益構成重大的損害，並且由於美國政府
不守信義的作為，也在整個自由世界產生極大的震撼，
使得全球的反共戰略形勢受到劇烈激盪，而為世局製造
了嚴重的危機。今後我們勢將面臨一個更為動亂不安的
局面，要走一段更為艱險的道路，但是我們始終深深確
信，反人性的共產主義，反人權的匪偽政權，縱能行其
奸詐，倖逞一時，終非中國人民所能容忍，最後必將失
敗。只要我們堅持反共復國的基本國策，以實踐三民主
義為不變南針，憑藉決不動搖的信念，在此世局洪流中
保持勇氣，剛毅不屈，就必能克服一切困難，達成我們
的目標。

這一個多星期以來，海內海外所有熱愛國家的同
胞，無分男女，不論老幼，對美匪建交於同聲憤慨之

外，更化悲憤為力量，以各種具體的行動，獻財捐血，踴躍輸將，一致表達對國家、對政府的忠誠，形成了澎湃的愛國熱潮，顯示出高昂的民心士氣，實在令人感動。尤其在此群情奮激、熱血沸騰的時刻，我們親愛的同胞，都能保持理性的沉著和勇毅，充分煥發出中華民國崇高的尊嚴感，更可證明中華民國豈容被人輕侮，也更增加了我們自立自強，必勝必成的信心。

　　鑑於當前世局的突變，國家處於非常情況，政府有責任衛護國家，使免遭受緊急危難，所以經過行政院的決議，依據動員戡亂時期臨時條款第一項規定對總統的授權，於本月十六日發布命令，採取三項緊急處分：

（一）軍事單位採取全面加強戒備之必要措施。

（二）行政院經濟建設委員會會同財政部、經濟部、交通部採取維持經濟穩定及持續發展之必要措施。

（三）正在進行中之增額中央民意代表選舉延期舉行，即日起停止一切競選活動。

　　感謝全國民眾對於政府這一非常措施給予熱烈支持，反映了萬眾一心，共禦橫逆的鋼鐵意志，也象徵出國家愈在艱難環境，國民愈能精誠團結、堅忍奮發。

　　國家安全會議，是本憲政體制，依據動員戡亂時期臨時條款所設置的動員戡亂機構，以決定動員戡亂有關的大政方針，今後為了確保國家的安全、經濟的發展、社會的安寧和國民的福祉，自當加強研究為適應動員戡亂需要所應採取的必要措施，政府當善用憲法和臨時條款所賦予的職權，恪盡保國衛民的責任。

　　我們深知，國家的民主自由、社會的安定繁榮是用血汗建築而成的，所以當用全力來加維護。同時我們為了準備迎頭痛擊向我們前來侵犯的敵人，以及防止各種顛覆、滲透活動，我們也必須要安定內部，加強防奸肅諜的重要工作。作為一個有責任、有擔當、為國為民的政府，唯有肩負起這項艱鉅的使命，才不辜負全民的付託。

　　經國願再重申，當此非常時期，我們必須要以非常的決心，採取非常的行動，團結一致，來衝破目前的難關！

12月25日　星期一

上午

九時，至中山堂主持慶祝中華民國行憲紀念大會、國民大會憲政研討委員會第十三次全體會議、國民大會代表六十七年度年會聯合開會典禮並致詞，期勉全國同胞共謀宏揚民主憲政，策進反共復國大業。

今日致電美國魯嘉、杜爾等十位國會議員，婉謝訪美之邀請，並強調共同為自由與真理而奮鬥。

中華民國行憲紀念大會
國民大會憲政研討委員會第十三次全體會議
國民大會代表六十七年度年會
聯合開會典禮致詞

各位代表先生：

　　中華民國六十七年行憲紀念大會、國民大會憲政研討委員會第十三次全體會議、國民大會代表六十七年度年會，今天聯合舉行開會典禮。各位代表先生在此同聚一堂，就國民大會和憲政研討委員會的工作作更進一步的研究，共謀宏揚民主憲政，策進反共復國大業，經國至為欽佩。

　　中華民國憲法的實施，使我國進入憲政時代的新紀元。這部憲法是國父與先總統蔣公先後領導無數革命志士，奮鬥、犧牲、流血、流汗，而後完成。我們今天紀念行憲，緬懷先賢克服萬難締造的偉績，遙念大陸深受共匪迫害的億萬同胞，面對今天國家民族艱難的非常處境，益發加強了我們共同的歷史責任感。尤其當此時局突變之際，更是迫切需要萬眾一心，以無比的毅力，果敢的行動，來維護憲法的完整，保衛國家的安全，至望各位代表先生能對國民給予非常的鼓舞，對政府給予非常的支持，以結合我們全國的力量，來衝破當前的難關，以完成我們在現階段歷史中的艱巨使命！

　　今天，由於美國卡特政府的背信毀約，無可諱言，使我們的反共復國大業遭到一次重大的打擊，也使整個自由世界遭到不可估量的損害。政府為避免國家遭遇緊急危難，經行政院會議決議，依據動員戡亂時期臨時條

款第一項規定對總統的授權，發布緊急處分事項，並採取其他必要措施，來確保國家利益和人民福祉。經國深深感謝全國同胞對於政府行動的衷誠支持，尤其看到各界民眾熱烈的愛國情操，更是萬分感動，也愈使我們相信，一切以憲法為基礎，發揮憲政功能，足以因應任何變局。

面對當前這一非常局面，今後所將來臨的，必然是更多更大的艱難險阻，需要我們忍辱負重，以最堅強的毅力、最持久的耐力，去作長期的奮鬥。所以我們大家必須虛心檢討、冷靜思考，加倍沉著而又審慎的籌謀對策，來堅持和實現我們所必須貫徹的目標和主張。我們始終認為：事之成敗，客觀的形勢由之於人，而主觀的力量操之在我。就我們中華民國六十七年來的歷史而言，任何一次抗敵禦侮、撥亂反治的奮鬥，無不是以主觀的條件和力量，來扭轉、來克服客觀形勢的艱險，最後終於獲得勝利。事實上，在美國宣布與共匪建交之後，我們海內外同胞所表現的莊敬自強、一心一德的精誠團結，就是我們必能以主觀的奮鬥，創造客觀的機勢、獲得勝利成功的保證。

今天這個時刻，我們更要重申：中華民國憲法是全國國民選舉的代表所制定的，憲法的尊嚴絕對不容損害。中華民國政府是依這部憲法而產生的，只有中華民國政府才是代表全國國民的唯一合法政府。中國大陸是中華民國的領土，中華民國政府永遠決不放棄對於整個中國大陸的主權。共匪偽政權是破壞憲法、禍國殃民的叛亂集團，絕不能代表中國，更不能代表中國國民。因

之，我們決不和共匪進行任何談判，要為反共復國堅持
到底，奮鬥到底！

中華民國政府一定本憲法基礎，為鞏固國權，保障
民權，奠定社會安寧，增進人民福利，繼續推進民主憲
政和國家建設。秉此基本國策，為確保國家和人民的安
全與利益，對於任何危害反共復國基本國策甚至足以動
搖國本的言論和行為，決不容許存在。同時，為加速完
成反共復國大業，更進一步擴大憲政建設的成果，一切
措施都要以國家的安全和全民的利益為第一，也就是凡
有益於宏揚憲政反共復國的，必盡全力為之；凡有礙於
宏揚憲政反共復國的，必盡全力消除。

我們的憲法制定於大陸，也開始施行於大陸。但因
共匪叛亂，以致億萬大陸同胞至今還沒有享受憲政的果
實，而且正在繼續遭受匪偽暴政的摧殘，沒有自由，沒
有人權，喪失掉了人性的一切尊嚴，真使我們身在臺
灣，沐浴在復興基地憲政光輝之下的同胞，無時無刻不
心懷大陸，懷念陷身大陸的同胞是何其不幸。因此，早
日消滅共匪，光復大陸，把我們的憲法完整的帶回大
陸，讓全國同胞都能同享憲政的成果，實在是我們無可
旁貸的責任！

各位代表先生代表全國人民，於國家遭遇非常之
際，在此集會，必能高瞻遠矚，深謀熟慮，審度時勢和
環境的變化，督促政府，鼓舞群倫，合全國同胞之心為
一心，合全國同胞之力為一力，貫徹憲政目標，堅持反
共奮鬥，來生存、來鞏固、來建設、來發展、來完成我
們復國建國勝利成功「一以貫之」的歷史使命。

致電美國會議員婉謝訪美邀請

魯嘉、杜爾、海契、賴克紹特、施密特、賈恩、麥克魯、赫爾姆斯參議員及坎普、畢爾德眾議員閣下：

沈大使劍虹轉來閣下等之邀請，敬悉。值此困難時刻，承來函邀請訪美，至以為感；閣下等所表達之誠摯友情，尤令本人深為感動；由閣下等來函，本人更清楚看出，美國人民確係支持中華民國，我中華民國，當永不忘美國人民之支持，必將永遠與貴方共同為自由真理而奮鬥。本人因國內公務繁重，實難接受貴議員等之邀請，此節尚盼能瞭解。為此本人特囑現在華府之外交部次長楊西崑，向貴議員等轉致本人個己之謝忱；倘貴方欲有所磋商，亦可隨時應命；專此再申謝忱，並祝新禧。

中華民國總統蔣經國敬啟

12月26日　星期二

上午

九時，在府內會客室接受大韓民國新任駐華大使玉滿鎬呈遞到任國書。

十時，主持財經會談。在提示中，對同胞愛國熱忱表示欣慰，並指出財金情況正常，足徵人民對政府向心力之堅強；希望由中央銀行撥出六億美元，貸給投資於發展技術密集的工業及目前主要出口工業。

財經會談八項提示

（一）自從美國宣布美匪將要「建交」消息後，全國

同胞及工商界同表激憤，一致支持政府，熱心
捐獻大量自強救國基金，並積極增加投資，對
於此種愛國熱忱，至感興奮。

（二）十一月份對外貿易及稅收，均創歷年來單月最高
紀錄，最近一週來財政金融等各方面情況，均能
保持正常，足徵人民對政府向心力之堅強。

（三）希行政院積極推動技術密集工業的發展，從速
完成一切準備工作，奠定進一步發展的基礎；
並由中央銀行撥出外匯三億美元，貸給投資於
發展技術密集之工業。

（四）公民營工業應與國防工業相互配合，支援建立
健全的國防工業體系。

（五）由中央銀行撥出外匯三億美元，貸款予目前主
要出口工業，進行汰舊換新，提高其生產力及
產品品質，以增強出口競爭能力。

（六）目前中小企業所急需之資金，行政院應令金融
機構儘量予以融通。

（七）除輔導工業積極發展外，仍應兼顧農業的發展，
並繼續大量投資，俾農工業獲得平衡發展。

（八）目前物價尚稱穩定，有關部門應積極籌劃調節
物資供應，俾兩個年關均能在穩定中度過。

12 月 27 日　星期三

上午

九時，主持中常會。曾就本月十八日至廿二日在北平召
開的匪黨十一屆三中全會召開情況以及配合美匪建交所

展開的統戰，惕勉國人要加倍警覺、堅忍團結、自強奮
鬥，以開創更光明的前途。

晚
十時半許，美國來華出席中美關係調整商談之代表團團
長副國務卿克里斯多福等一行乘專機抵達臺北。我愛國
民眾今晚曾激昂地向美國代表團之車隊示威。

12月28日　星期四
上午
八時三十分，見孫運璿、蔣彥士、錢復。
九時三十分，見汪敬煦、孔令晟。
十一時，美國政府代表團克里斯多福副國務卿等一行，
由美駐華大使安克志陪同，至總統府晉見總統，代表卡
特總統提出對今後中美關係安排的構想。
總統向克里斯多福表示，美方所提問題，宜先與我國政
府有關高級官員交換意見。

下午
三時，中美代表在圓山飯店舉行首次會議，分別就有關
問題交換意見。外交部長蔣彥士在會中申明我國政府三
點基本立場：
一、美國須承認我國地位。
二、對我安全須繼續提供具體有效的保障。
三、兩國間條約應作立法安排，使其繼續有效。
六時，見孫運璿、蔣彥士、宋長志、錢復、魏鏞。

12 月 29 日　星期五

上午

十一時，再接見美國談判代表團，對美國突然宣布斷交，再度提出最嚴重抗議，並就今後處理有關中美間的問題，指出五項原則：

一、持續不變；

二、事實基礎；

三、安全保障；

四、妥定法律；

五、政府關係。

下午

四時三十分，見朱匯森、宋時選。

處理中美問題五項原則

一、中華民國與美國有悠久的邦交與合作關係，在第二次世界大戰中，中美兩國並肩作戰。一九五四年中美兩國簽訂了共同防禦條約以後，更加強了兩國的同盟關係，並對亞太地區的安全與和平提供了重大的貢獻。近數年來美國政府曾一再重申其對中華民國維持外交關係，並信守條約承諾之保證。而今美國政府突然宣佈對我斷交之決定。此一嚴重傷害中華民國及其人民權益之重要外交舉措，竟不與我政府事先磋商，而僅在宣佈此一消息以前七小時始予通知，使我國全體人民和政府深感憤慨。余曾立即向安克志大使提出對美國政府嚴重之抗議，並鄭重

指出由於美國此一行動而引起之一切後果，均應由
美國政府負完全責任。

二、中華民國自一九一一年建國以來，一直是一個獨立
之主權國家，中華民國是中國文化與中國歷史唯一
真正的代表。中華民國政府是依據中華民國憲法所
產生的合法政府，中華民國的存在一向是一個國際
的事實。中華民國的國際地位及國際人格，不因任
何國家承認中共偽政權而有所變更。美國應當繼續
承認並尊重中華民國的法律地位和國際人格。

三、中華民國政府對於國際條約義務向予尊重信守，中
美共同防禦條約簽訂迄今已廿四年，其間我對該條
約所規定之各項義務與責任始終忠實履行。而今美
國政府事先未有磋商，竟片面通知終止中美共同防
禦條約，且未提出任何理由，因而創下美國歷史上
前所未有出賣盟友之惡例。中美協防條約本為西太
平洋自由國家集體安全連鎖防線的重要環節，目前
此一地區情勢仍然動盪不安，特別是越南淪亡後，
自由國家所受共產勢力侵略顛覆的威脅，實有增無
減。美國片面終止中美共同防禦條約之舉，不但將
更增加此一地區之動盪不安，而且將引發新的戰爭
危機，為確保西太平洋地區，包括中華民國之和平
及安全，美國亟需採取具體與有效的措施，並對此
一地區各國重申其保證。

四、美國卡特總統表示，在中美共同防禦條約終止以
後，仍將關切此一地區的和平、安全與繁榮，並繼
續以防衛性武器提供中華民國，美國必須就此項承

諾向我國提出法律上之保證。

五、美國已經聲明，今後仍將與中華民國保持所有文
化、經濟、貿易、科技、旅行等關係之意願。鑒於
兩國間具有相互利益之活動，異常複雜頻繁，決非
民間團體或個人所能處理。中美兩國均為法治國
家，今後中美兩國人民之切身利益，在在需要法令
規章的保障及政府政策性之指導。為了便利一切關
係之保持與增進，將來在台北及華盛頓必須互設政
府與政府間之代表機構，負責處理一切業務。

美國代表團人員

副國務卿	克里斯多福
美國駐華大使	安克志
太平洋美軍總司令	魏斯納
國務院主管東亞及太平洋事務	
副助理國務卿	蘇禮文
國務院法律顧問	韓瑟
國防部副助理部長	阿馬克斯特
美國駐華大使館公使	浦為廉

12 月 30 日　星期六

九時，見溫哈熊。

九時三十分，見空軍總司令烏鉞。

十時，見教廷駐華代辦吉立友。

十時三十分後，見紐約時報特派員卡姆及美國幸福雜
誌編輯羅萬，強調中美人民一向友好，亟應繼續加強

合作。

十一時，見警備總司令汪敬煦、警政署長孔令晟。

12 月 31 日　星期日

今天，紐約時報報導（據中央社紐約三十一日專電）謂
我總統昨日接受該報記者卡姆訪問時預言，美國誤把敵
人當朋友，其弊害將接踵而來，亦即匪將擴大美俄衝
突，孤立美國並進行滲透顛覆。且重申中美之間的關係
必須在政府對政府的基礎上繼續下去。

下午

四時，約見孫運璿、蔣彥士、馬紀壯、錢復。

民國日記 63

蔣經國大事日記（1978）
Daily Records of Chiang Ching-kuo, 1978

主　　編	民國歷史文化學社編輯部
總 編 輯	陳新林、呂芳上
執行編輯	林弘毅
美術編輯	溫心忻
封面設計	溫心忻
文字編輯	詹鈞誌

出　　版　　**開源書局出版有限公司**

香港金鐘夏愨道 18 號海富中心
1 座 26 樓 06 室
TEL：+852-35860995

民國歷史文化學社 有限公司

10646 台北市大安區羅斯福路三段
37 號 7 樓之 1
TEL：+886-2-2369-6912
FAX：+886-2-2369-6990

初版一刷	2021 年 4 月 20 日
定　　價	新台幣 380 元
	港　幣 103 元
	美　元　15 元
I S B N	978-986-5578-16-9

http://www.rchcs.com.tw

國家圖書館出版品預行編目 (CIP) 資料
蔣經國大事日記 (1978) = Daily records of Chiang
Ching-kuo,1978/ 民國歷史文化學社編輯部主
編 . -- 初版 . -- 臺北市 : 民國歷史文化學社有限公
司 , 2021.04

　面；　公分 . -- (民國日記 ; 63)

ISBN 978-986-5578-16-9 (平裝)

1. 蔣經國　2. 臺灣傳記

005.33　　　　　　　　　　　110004379